우리집은 발도르프 유치원

"OUCHI DE DEKIRU STEINER NO KOSODATE" by and edited by CRAYONHOUSE Editorial Team
Copyright © 2009 CRAYONHOUSE Co., Ltd.
All rights reserverd.
Original Japanese edition published by CRAYONHOUSE Co., Ltd., Tokyo. This Korean edition published by arrangement with CRAYONHOUSE Co., Ltd., Tokyo in care of Tuttle-Mori Agency, Inc., Tokyo through Shinwon Agency, Co., Seoul.

이 책의 한국어판 저작권은 신원에이전시를 통한 일본 CRAYONHOUSE Co.와의 독점계약으로 '청어람미디어'에 있습니다. 저작권법에 의하여 한국 내에서 보호를 받는 저작물이므로 무단전재와 무단복제를 금합니다.

창의력이 자라나는 엄마표 자연주의 육아교실

우리집은 발도르프 유치원

크레용하우스(JAPAN) 편집부 엮음

고향옥 옮김

청어람미디어

발도르프 교육에 대하여

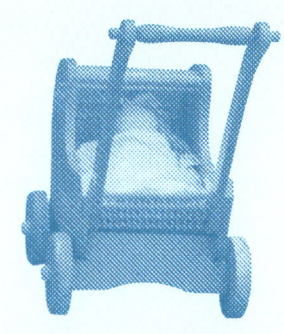

발도르프 교육은 독일의 철학자 루돌프 슈타이너의 인지학을 바탕으로 한 교육이다. 1919년 독일 슈투트가르트에 '자유 발도르프 학교'가 설립된 이래 유럽 각지로 퍼져 나가, 현재는 전 세계에 약 1,000여 곳의 학교와 약 1,500여 개의 유치원이 있으며, 독특한 교육이 이루어지고 있다. 그중 지금 일본에서 주목하는 분야가 유아교육이다.

발도르프 교육이 시행되고 있는 유치원을 들여다보면, 분홍색 커튼이 드리워진 실내가 포근한 인상을 준다. 아이들은 나무토막이나 식물 열매 같은 자연소재나 수줍은 듯한 표정의 인형을 가지고 놀고 있고, 아이들에게 말을 건네는 선생님의 목소리는 아주 조용조용하고 노래하는 듯하다.

발도르프 교육 현장에서는 왜 이처럼 부드러운 인상을 주는 환경에서 보육을 할까? 왜 플라스틱 같은 인공적인 것을 두지 않을까? 왜 선생님은 큰 소리를 내지 않을까?

잠깐 발도르프 교육의 특징에 대해 소개하겠다.

발도르프 교육은 흔히 '자유로 가는 교육'이라고 한다. 그것은 제멋대로 행동하는 '자유'를 의미하는 것이 아니다. 세상의 변화에 당황하지 않고 스스로 생각하고 행동할 수 있다는 의미에서의 '자유'이며, 자기 중심으로 생각하고 행동하지 않음으로써 좋은 인간관계를 쌓아가고, 자유롭게 자신의 책임을 다할 수 있는 인간이 되는 것을 목표로 한다. 그리고 모든 아이들이 가지고 있는 '스스로 살아가는 힘'을 인간의 내면 깊은 곳에

슈타이너의 인간관
인간에게는 세 개의 세계가 있다

서부터 키우는 교육이다.

　슈타이너는, 인간은 '눈에 보이는 것=물질(몸)'과 '눈에 보이지 않는 것=정신(영혼)과 혼(마음)'으로 이루어져 있다고 보았다. 인간에게 몸과 마음이 중요하다는 점은 알고 있을 것이다. 그렇다면, 정신이란 무엇일까? 그것은 개성과 자아라고도 불리며, 사람을 세상에서 단 한 사람의 인격체로 만드는 것이다. '정신'이 있으므로 사람은 한 사람 한 사람 다른 존재가 된다.

　슈타이너는 그런 사고를 바탕으로, 인간은 태어나서 성인이 되는 동안 7년마다 '물질(몸)', '생명', '의식', '자아'의 발달과정을 거치면서 성장한다고 보고, 어린아이에게는 각각의 발달에 걸맞은 시기가 있다고 보았다. 그런 까닭으로 유아기에는 머리를 써서 지적인 면을 키우는 것보다 몸에 생명력이 확고히 깃드는 것을 목적으로 삼아야 한다.

　또한, 슈타이너는 인간에게는 오감이 아닌 열두 개의 감각이 있다고 했다. 특히 전신이 하나의 감각기관인 유아기는 이런 감각들이 무리 없이 자연스럽게 자라도록, 부드러운 인상을 주는 아름다운 환경을 만들어주고, 자연 속에 있는 진짜 소재를 제공해야 한다. 텔레비전이나 활자를 피하고, 온화한 목소리로 노래하거나 이야기를 들려주어야 한다. 한 사람 한 사람이 다르기 때문에 모두가 똑같은 그림을 그리는 일도 없다.

　천천히 읽다 보면 이와 같은 생각이 어떤 의미인지, 또 자녀교육의 기쁨과 즐거움은 무엇인지 알 수 있을 것이다. 어린아이의 성장이란 무엇인가, 인간이란 어떤 존재인가, 이런 생각과 함께 이 책을 읽기를 권한다.

이 책은 발도르프 교육법으로 자녀를 키우고 있는 어머니와 보육교사, 다양한 분야에서 슈타이너의 사상을 실천하는 이들의 생각과 교육법을 소개하고 있다. 발도르프 유치원에서만 할 수 있는 것이 아니라, 모두 가정에서 할 수 있는 것들이다. 특히 첫아이를 키우면서 모르는 것투성이인 부모나, 아이를 지금 이대로 키워도 될까 하고 고민하는 사람, 발도르프 교육에 흥미를 가지고 있는 사람 등 많은 이들에게 이 책이 자녀 교육에 대한 길잡이가 되면 좋겠다.

루돌프 슈타이너 Rudolf Steiner

1861년, 지금의 크로아티아(당시 오스트리아령—옮긴이) 철도기사의 집에서 태어났다. 빈 공과대학에서 자연과학, 수학, 철학을 공부한 뒤 괴테를 연구하기 시작했다. 20세기에 접어들어 인지학(Anthroposophy)이라는 인간관, 세계관을 확립했다. 그 철학은 현재까지도 교육뿐 아니라 농업, 의학, 약학, 사회학, 건축, 예술, 자연과학 등 모든 분야에서 실천되고 있다. 최근에는 슈타이너가 창안한 바이오다이내믹 농법으로 만들어진 유기농화장품 등도 주목받고 있다.

우리집은 발도르프 유치원

차 례

발도르프 교육에 대하여 ················· 05

[인터뷰] 발도르프 교육을 실천하는 사람들
자연물 장난감을 주니 노는 법이 달라졌어요 ················· 10
아이가 "공부는 경쟁이 아니야"라고 말해요 ················· 14

1 아이의 성장과 몸 이야기
7세까지 몸의 성장 ················· 20
아이가 열이 날 때 ················· 24
집에서 할 수 있는 습포 찜질법 ················· 26
7세까지 식사와 성장 ················· 30

2 아이와 나
사람은 7년 리듬으로 성장한다 ················· 38
인생의 비밀을 알면 자녀교육이 즐거워진다 ················· 45

3 아이와 함께하는 생활

아이와 함께 살기 위한 가정 만들기 ………………… 52
새로운 가정 만들기를 위해서 …………………………… 54
아이 이해의 길잡이, '기질' ……………………………… 56
아이가 떼를 쓰면 ………………………………………… 58
아이의 성장을 돕는 말 …………………………………… 60
텔레비전은 어떻게 할까? ………………………………… 62
부드러운 노랫소리 ………………………………………… 64
동화는 살아가는 힘을 키워준다 ………………………… 66

4 아이와 즐기는 수작업

양털로 만드는 계절 테이블 ……………………………… 70
색과 모양을 즐기는 번지기 그림 ………………………… 76
놀이가 발전하는 밀랍점토 ……………………………… 78
밀랍크레용으로 자유롭게 그림 그리기 ………………… 80
트레싱지로 만드는 스테인드글라스 …………………… 82

5 아이를 위한 집꾸밈

아이 공간 만들기 ………………………………………… 86
누구를 위해 방을 꾸밀까? ……………………………… 90

발도르프 교육을 실천하는 사람들

자연물 장난감을 주니
노는 법이 달라졌어요

이야기 … 히토미

솔방울도 훌륭한 장난감이 된다. 굴리며 놀 거나 소꿉놀이에 쓰기도 하는 등 다양하게 가지고 놀 수 있다.

도쿄 근교에 있는 풍부한 자연의 숲에서 슈타이너의 사상을 균형 있게 받아들이면서
8세 히요리, 5세 아카리, 4세 쌍둥이 아오와 미도리, 네 아이와 북적북적 생활하는 히토미 씨.
아이들에게 제공하는 환경과 장난감, 리듬을 소중히 여기는 자녀교육에 대해 이야기를 들어보았다.

여러 가지 방법으로 놀 수 있는 소재 주기

—— 아이들은 무슨 놀이를 하고 노나요?

네 아이 모두 유아기에는 풀이랑 흙으로 소꿉놀이를 하기도 하고, 산에 가서 뭔가를 찾아오기도 하고, 숨바꼭질을 하기도 했어요. 밭에 나가 흙을 가지고 놀기도 했고요. 집 안에서는 나무토막을 가지고 놀기도 하고, 그림을 그리기도 해요. 주로 첫아이가 놀이를 주도하기 때문에 요즘에는 상점놀이 같은 구체적인 놀이도 하지만, 천을 두르고 공주님이나 왕자님이 되어 상상세계 속에서 노는 일이 많더라고요.

—— 장난감을 가지고 놀 때, 어떤 것에 가장 신경을 쓰나요?

계절감이 느껴지는 있는 그대로의 자연, 다시 말해서 미끄럼틀이나 그네 같은 놀이도구도 없는 들판이나 강에 나가 식물이며 물이며 흙을 가지고 놀게 하거나, 여러 가지 방법으로 놀 수 있는 소재를 주죠. 되도록 제가 먼저 "이렇게 놀자"라는 말은 하지 않으려고 합니다. 그건 도쿄에 살 때부터 마음먹고 있었던 거예요.

—— 어떤 계기가 있었나요?

첫아이가 유치원에 가기 전에는, 저는 지금과는 다른 생활을 했어요. 장난감도 놀이방법이 정해진 것을 많이 사주었고요. 저한테는 아이들은 그네나 모래밭이나, 놀잇감이 없으면 심심할 거라는 선입관이 있었어요. 그런데 어느 날, '아이는 상상의 세계에 살고 있으므로 장난감도 자연에 가까운 소재를 주고, 놀이방법도 제한하지 않는다'라는 슈타이너 교육사상을 듣고, 나무토막이나 천, 조개껍데기 같은 소재를 주었더니 아이가 노는 게 달라지더라고요. '이렇게 푹 빠져 놀 수 있구나' 싶었고, 아이의 집중력에 놀랐죠. 그 후로는 자연 속에서 실컷 놀아보라는 생각으로 바뀌었습니다.

—— 어떻게 바꾸어갔나요?

가지고 있는 장난감 중에서 아이의 창의력을 키우는 데 방해가 되는 것을 없앴습니다. 또 텔레비전 보는 시간도 줄였어요. 아침에는 보지 않기, 오늘 하루는 보지 않기,

슈타이너의 생각뿐 아니라 네 아이를 키우면서
깨달은 것도 소중히 여깁니다.
―히토미

날마다 보지 않기 식으로 단계적으로 줄여갔어요. 제가 슈타이너의 사상을 접한 건 첫 아이가 두 돌 반쯤 지났을 때여서 이미 늦었나 싶어 절망에 빠졌었죠. 그런데 슈타이너가 이렇게 말했으니 꼭 이렇게 해야지, 하는 생각도 있었지만 네 아이를 키우면서 제 스스로 깨달은 것을 소중히 여기고 제가 좋다고 믿었던 것을 조금씩 실천해나갔습니다.

한 아이, 한 아이의 성장 시기를 안다는 것

────── 발도르프 교육의 장점은 무엇인가요?

발도르프 교육에서는 7세까지는 몸을 만드는 시기라고 하는데, 그것은 아이들을 보고 있으면 확실히 느껴져요. 유아기에는 먹고, 자고, 놀면서 감각으로 체험하는 것을 소중히 여기는 게 바로 교육이구나 하고요. 마찬가지로 밭을 가꾸는 것도 적절한 시기에 씨앗을 뿌리지 않으면 작물이 잘 자라지 않아요. 이르면 싹이 나지 않고 늦으면 어느 순간 성장이 멈춰버리죠. 슈타이너가 말하는 성장에 어울리는 시기라는 건 어떤 것에나 다 적용된다고 생각해요. 자연의 리듬이라는 게 인간에게도 적용되고, 인생 안에 자연의 리듬이 있는 게 아닌가 싶거든요. 예를 들면, 첫아이는 유치원 때 하트 모양을 그리지 못했어요. 사물의 형태를 베껴 그리지를 못했으니 슈타이너식으로 말하면 '자각이 늦은 아이'였던 거죠. 그러던 아이가 초등학교 2학년이 되더니 뭐든 다 그리더군요. '아, 바로 지금이었구나'라고 생각했죠. '그 때'가 빠른 아이도 있고 늦은 아이도 있는 거예요. 맞는 시기를 안다는 것은 한 사람, 한 사람의 개성을 존중하는 것과 이어지거든요. 저는 그게 아주 절실하게 와 닿았어요.

히토미 씨 부부가 아이들에게 크리스마스 선물로 직접 만들어준 텐트. 텐트를 세우기 무섭게 신나게 안으로 들어가려는 아오.

발도르프 교육을 실천하는 사람들

아이가 "공부는 경쟁이 아니야"라고 말해요

이야기 … 요시다 마미

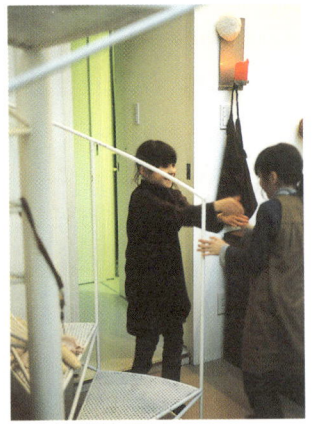

두 아이가 구구단에 푹 빠져 있다. 발도르프 학교의 구구단은 손을 두드리거나 발을 구르며 게임하듯이 한다.

패션브랜드 YAB-YUM의 디자이너로 활약하는 요시다 마미 씨.
초등학생인 쌍둥이 딸 타를라와 마틸다는 유치원 때부터 발도르프 교육을 받아왔다.
가정에서의 자녀교육에 대해서 요시다 씨와 배우자인 패트릭 라이언 씨에게 이야기를 들었다.

열심히 살아가는 엄마의 모습 보여주기

—— 발도르프 유치원을 선택한 이유를 말씀해주세요.

요시다: 몇 군데 유치원을 견학해보았는데, 아이들이 큰 소리로 노래를 부르거나 캐릭터 상품이 많이 있거나 플라스틱 장난감을 쓰고 있는 데 의문을 품었죠. 그런데 발도르프 유치원에서는 아이들이 놀고 있는데도 어딘지 안정감이 있었고, 선생님이 작은 종을 울리자 자연스럽게 놀면서 정리하기 시작하더라고요. "조용히 하세요"라는 소리를 들을 필요도 없고, 참 훌륭하다 싶었어요. 하지만 그 유치원이 도중에 문을 닫아버리는 바람에 그 뒤로 뜻있는 어머니들이 운영하게 됐고, 저도 도우면서 아이들을 보냈어요.

—— 일하면서 유치원을 돕는 게 힘들지 않았나요?

요시다: 일하는 엄마지만 활동에 참여하고 싶었기 때문에, 일을 하면서 할 수 있는 방법으로 도왔습니다. 저는 시간을 융통성 있게 쓸 수 있어서 바자에 출품할 물건을 만드는 일 같은 걸 했어요. 부모가 일을 하니까 아무래도 여유로운 시간을 갖는 게 어렵죠. 자칫 아이들에게 부담이 될 수도 있지만, 열심히 하는 부모의 모습을 보여주는 게 좋다고 봅니다.

—— 발도르프 교육의 어떤 점이 좋다고 생각하시나요?

요시다: 경쟁으로 내몰지 않는다는 점이랄까요, 실패하면 안 된다는 의식이 없는 점이랄까요? 그건 아이들의 모습에서도 느껴져요. 저는 어릴 때부터 지기 싫어하는 성미라서 뭐든 남보다 빨리해야 직성이 풀렸죠. 하지만 저희 아이들한테는 그런 게 없어요. 요즘 학교에서 뜨개질을 배우고 있는데 엄청 느려요. "조금만 더 열심히 하면 어떻겠니?" 그만 그렇게 참견하고 싶어져요. 하지만 아이는 "ㅇㅇ는 벌써 여기까지 해버린 거 있지"라고 친구를 자랑하더군요. 경쟁심이 없기 때문에 다른 아이에게 열등감도 느끼지 않는구나 싶어요.

거실 탁자 밑에 들어가 발도르프 인형을 가지고 노는 두 아이(위). 물에 적신 도화지에 물감을 떨어뜨려 색의 변화나 모양의 변화를 즐긴다. '번지기 그림'은 집에서도 자주 한다고 한다(오른쪽 아래). 글로켄슈필(철금)을 가지고 노는 마틸다. 부드러운 5음계가 편안한 마음을 자아낸다(왼쪽 아래).

**큰 소리로 말하는 것보다 귓가에 비밀이야기 하듯이 말하면
아이 귀에는 더 잘 들립니다.**

—요시다

아이에게 필요한 것은 부모 스스로 판단해야

——— **일상생활에서 발도르프 교육을 어떻게 활용하시나요?**

요시다: 요즘은 부드럽게 말해도 듣지 않을 때가 있어서 호되게 야단치기도 해요. 하지만 서너 살 때처럼 조용하게 있는 것이 어려울 때는, 큰소리를 치기보다 귓가에 비밀이야기 하듯이 왜 조용히 해야 하는지를 이야기해주면 아이는 오히려 더 잘 알아들어요.

——— **가정에서는 어떻게 보내시나요?**

패트릭: 휴일에는 소파에 앉아 제가 그린 그림을 보여주거나 그림 이야기를 하기도 합니다. 발도르프 교육은 어린아이에게 너무 자극을 주지 말라고 하지만, 나는 일부러 어려운 이야기도 하고 싶어요.

——— **자극을 주지 말라는 것에 대해서는 어떻게 생각하시나요?**

요시다: 발도르프 교육은 어렸을 때 활자나 텔레비전을 되도록 보여주지 않도록 합니다. 유치원 선생님은 아예 감춰버리라고 하시지만 그렇다고 금지해버리면 금지당했기 때문에 또 다른 흥미가 생기겠죠. 역시 자신의 아이한테 필요한 것은 부모가 스스로 생각해서 판단하는 게 중요하다고 봅니다. 예를 들면, 여름방학에 사촌들이 영화를 보러 가는데, 우리 아이만 데리고 가지 않는 것도 이상하잖아요. 그럴 때는 인간관계를 중시하죠. 아이에게는 특별한 장소에 가서 가족과 무엇인가를 체험하는 것도 중요하니까요.

패트릭: 저는 학교가 전부는 아니라고 생각합니다. 아이들은 엄마, 아빠와 함께 있기 때문에 거기에서 받는 영향이 크다고 봐요. 때문에 아내와 저, 둘에게서 확실히 영향을 받는 것이 좋다고 생각해요.

1

아이의 성장과 몸 이야기

자주 열이 나고, 아프고.
태어나서 7세 무렵까지 아이들의 내면에서는
무슨 일이 일어나고 있을까?
몸의 발달과, 약에 의지하지 않는 치료법과, 식사에 대해,
발도르프 교육에서는 되도록 자연친화적인 방식을 고집한다.

7세까지 몸의 성장

글 … 시마무라 요시코, 감수 … 아리가 신이치로(의사)

영유아기에 몸의 발달은, 뇌 발달기(0~2세), 몸통 발달기(2~4세), 팔다리 발달기(5~7세), 이렇게 세 단계를 거친다. 아이가 몸을 어떻게 자기 것으로 만들어가는지 보육교사인 시마무라 요시코 씨에게 이야기를 들어보았다.

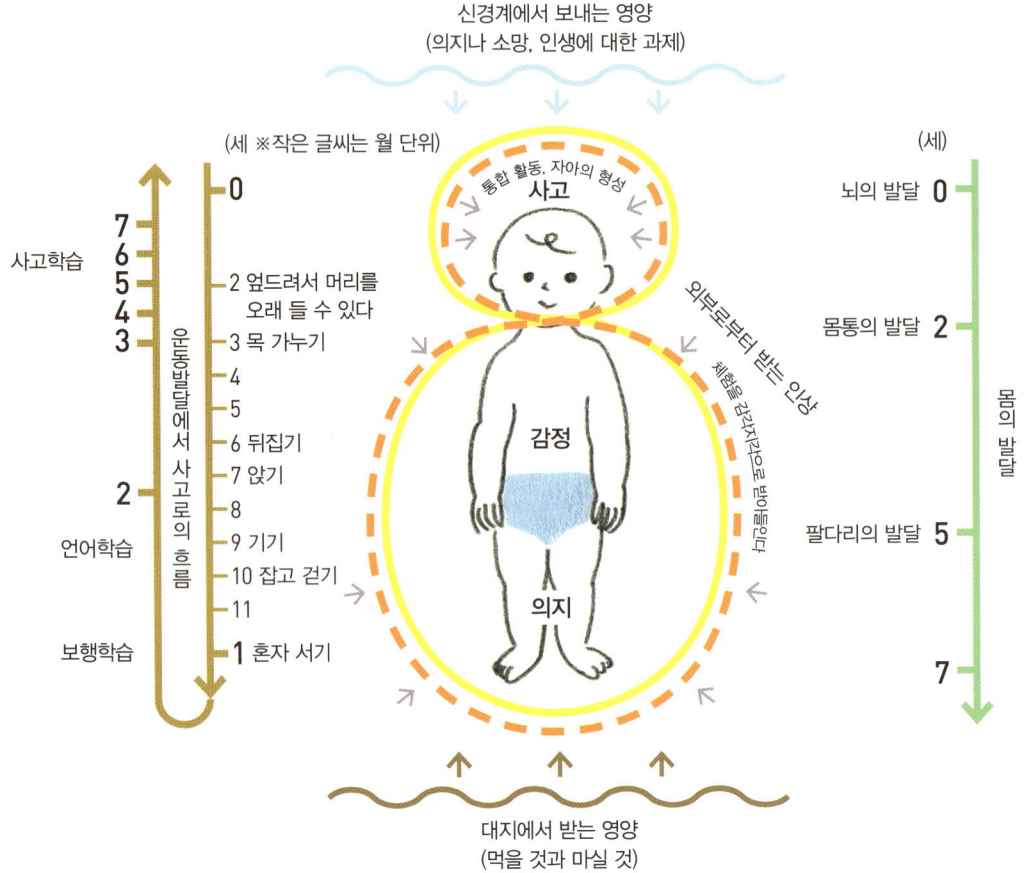

7세까지의 발달

7세까지의 아이는 대지에서 주는 영양과 신경계에서 주는 영양을 받으며 머리에서 몸통, 그리고 다리로, 위에서 아래로 발달한다. 또한, 아이는 모든 체험을 감각지각을 통해서 뇌에 기억하고 통합해간다. 운동발달에서 사고로 흐르는 흐름을 보면, 10개월 무렵부터 사물의 개념이 생기기 시작해서 1세경부터 보행을 하고, 2세 전후로 언어학습이 시작된다. 이 무렵의 아이는 '사과, 먹는다'처럼 두 단어를 사용할 줄 알고, 행동으로 사고한다. 이윽고 5~6세 무렵이 되면 말로 사고할 수 있게 된다. 보행(팔다리)→이야기하기(몸통)→사고하기(뇌)와 같이 아래에서 위로 올라가는 생명력의 흐름을 볼 수 있다.

※발달은 개인차가 있다.

[탄생] 새로운 세계를 만나다

슈타이너의 인지학에 바탕을 둔 발생학에서는, 어린아이의 '자아'는 임신 10~16일째부터 수정란 속에 들어오는 것으로 본다. 그 시기의 어머니는 아직 임신한 사실을 깨닫지 못하는 수도 있다. 임신 8주 무렵, 입덧이 시작되고 1~2주일이 지나면 태아의 크기는 1그램에 1센티미터 정도가 된다. 이제 심장소리도 들을 수 있고, 태아의 체내에는 혈액이 흐른다.

마침내 아기는 엄마의 자궁 속에서 50센티미터 정도로 성장하여 세상에 나갈 채비를 마친다. 엄마의 자궁에서 힘겹게 나온 곳은 자궁 안과는 완전히 다른 차가운 공기와 중력, 낮과 밤이 있는 새로운 세계다.

신생아의 뼈는 좁은 산도를 빠져나오기 위해서, 그리고 앞으로 뇌가 커지기 위해서 말랑말랑 부드럽고 탄력이 있다. 아기는 부모의 보살핌을 받으며 새로운 생활에 적응해야 한다.

아기의 몸은 아직 근육이 생기지 않았기 때문에 얼굴도 손도 다리도 피하지방으로 토실토실하다. 그 모습에서 '생명이 가득 차 있는' 게 느껴진다.

[0~2세] 뇌 발달기

갓난아기의 몸은 머리가 큰 것이 특징이다. 목과 팔다리는 짧지만 머리는 몸의 4분의 1 정도를 차지한다. 머리가 크다는 것은 뇌가 크다는 의미다. 이 무렵은 뇌신경과 감각이 모이는 곳이 활발히 활동한다. 지각능력이 뛰어나고, 어른은 흉내 낼 수 없을 정도의 집중력으로 주위에서 일어나는 일을 온몸으로 느낀다. 젖을 먹을 때마다 엄마 젖의 감촉과 맛의 정보를 뇌로 보내 프로그래밍한다.

잡고 일어설 수 있게 되는 것은 9~10개월 이후지만, 그동안 몸은 서고 걷기 위한 준비를 시작한다. 눈과 손을 움직여 근육과 신경을 활동하게 하고, 스스로 몸을 움직일 수 있도록 준비해

아기의 얼굴은 둥글고, 이마가 넓고, 눈이 얼굴의 한가운데쯤에 있다. 모유를 먹기 쉽도록 입의 위턱 부분이 조금 튀어나와 있다.

아이의 성장과 몸 이야기

나간다.

멍하니 허공을 쳐다보던 아기의 시선은 2~3개월 무렵이 되면 초점을 맞출 수 있고, 3~4개월이 되면 목을 가누면서 길 준비가 시작된다. 5개월 무렵에 딸랑이를 쥐여주면 순식간에 잡을 수 있다. 5~6개월에는 어깨가 발달하여 몸을 뒤집을 수 있다.

아기는 하루, 일주일, 한 달 사이에 눈에 띌 정도로 성장하고 발달한다. 앉고 기는 과정을 거쳐 일어서고, 한 살이 지나면 마침내 걷기 시작한다. 이것은 획기적인 사건이다. 자신의 세계가 크게 확장되어 자유로운 걸음을 내딛기 시작한 것이기 때문이다.

0~2세의 아기는 자신의 몸을 만들기 위해 온 힘을 쏟아붓는다. 그것을 위해서 날마다 자고 먹는 데 태반의 시간을 쓴다. 우리가 아기에게 해줄 수 있는 가장 중요한 일은 아기의 성장과 발달을 기뻐해주는 것이다. 기저귀를 갈아주고 젖을 먹일 때, 목욕을 시킬 때, 옷을 갈아입히고 안아줄 때, 되도록 많이 접촉하면서 기뻐해주어야 한다.

[2~5세] 몸통 발달기

2세 반~5세가 되면 아이는 몸통이 발달하여 비율이 5등신으로 변한다. 하지만 가슴께부터 배까지 불룩 나와서 몸은 아직 통나무 모양이다. 아직 허리가 생기지 않았기 때문에 바지나 치마를 입으면 쉽게 흘러내린다. 화장실에 갈 때는 불편하지만 이 연령의 아이에게는 멜빵바지나 원피스가 좋다.

다리도 발달하여 3세 무렵이 되면 한쪽 발로 설 수 있게 된다. 그래도 다리의 뼈는 아직 연골이고 단단해지지 않은 상태다. 발바닥은 둥그렇다. 그 때문에 발목을 잘 보호해주는 신발을 신기면 발의 부담도 적어지고 다리의 성장에도 도움이 된다.

몸통이 발달함에 따라 흉부의 호흡기 계통과 순환기 계통이 발달하고 말을 습득하기 시작한다. 반면에 성장 속도는 느려진다.

1세 무렵부터는 머리를 나타내는 듯한 빙글빙글 도는 동그라미 그림을 그리다가 여기서 더 발전해 네모난 모양을 그리게 된다. 위와 아래, 수직 공간을 느낄 수 있게 된 것이다.

몸통이 커져서 5등신이 된다. 말을 하기 시작하고, 공간 개념을 인식할 수 있게 된다.

2세가 되면 아이는 어른 옆에서 놀거나 부모에게서 조금씩 떨어진다. 혼자서 할 수 있는 일도 늘어나고, 부모의 영역에서 밖으로 자신의 세계를 넓혀간다. 부모와 접촉하면서 부모를 '자신이 아니다'라고 느끼기 시작하여 3세 무렵에 반항기를 맞는다. "싫어, 싫어"라는 말을 하는 것은 부모와 충돌할 때 쓰는 표현이지만, "싫어, 싫어"라고 말하는 아이는 즐거워 보인다. 부모로부터 조금 자립했다고 기뻐하는 것이다. 그것은 자기 자신, 다시 말해 자아가 성장했다는 뜻이기도 하다. 또한, 자신을 '나'(1인칭)라고 말할 수 있게 되며, 자신이 하나의 인격체임을 깨닫고 사고에 눈떠간다.

[5~7세] 팔다리 발달기

제3의 발달단계는 5~7세다. 이 무렵의 아이는 야위어 보이는 경우도 있다. 바로 팔다리가 자랐기 때문이다. 무릎의 형태도 나타나고 다리의 움직임이 섬세해지면서 지그재그로 달리거나 번갈아 한쪽 발로 가볍게 뛰기, 공중제비도 돌 수 있다. 등이 평평해지고, 등뼈가 휘어지기 시작한다. 허리도 생기기 시작하여 가슴과 배가 구분된다. 목이 길어지면서 머리가 몸통에서 자유로워진다. 재치 있으며, 자신이 하고 싶은 말을 구체적으로 표현할 줄 안다.

이렇게 7세까지 아이의 생명력은 오로지 몸을 만드는 데 쏟아붓는다. 몸은 지구상의 세계, 다시 말해 이 세상에 적응하기 위한 중요한 도구이기 때문이다.

생명력이 마지막으로 몸을 만드는 일은 유치 대신 영구치를 만들어내는 것이다. 치아는 인간의 몸에서 가장 단단한 부분이다. 그것이 7세 무렵에 나타나는 것이다. 생명력은 영구치가 나기 시작할 때까지 몸을 위해 쓰이지만 7세가 지나면 서서히 우리의 마음(혼)을 키우기 위해서 활동하기 시작한다.

팔다리가 길어져 복잡한 동작도 할 수 있게 된다.
목도 길어져 머리가 몸통에서 자유로워진다. 들어올린 손으로 반대쪽 귀를 만질 수 있게 되면 취학 적령기다.

아이가 열이 날 때

글 … 시마무라 요시코, 감수 … 아리가 신이치로

7세 무렵까지의 아이는 왜 자주 열이 나는 걸까?
발열은 아이의 성장에 어떤 의미가 있을까?
슈타이너 인지학의 관점에서 발열의 기능에 대해 알아보자.

알려지지 않은 발열과 자아의 관계

아이는 7세까지 자신의 몸의 기초를 다진다. 몸의 발달과 더불어 자신의 배와 팔과 다리, 손가락 하나하나가 '내 것'이라고 의식할 수 있게 된다. 예컨대, 5세 무렵 아이의 그림에는 흔히 손가락이 있는 인간을 그리는 일이 있는데 그것은 '내 손에는 손가락이 있다'라는 의식의 표현이다. 이러한 의식과 함께 손재주도 발달한다.

슈타이너 인지학에서는, 아이는 이 '나'라는 의식(자아)에 의해 부모에게서 물려받은 몸을 '자신의 몸'으로 바꾸어간다고 생각한다. 그 과정에서 중요한 것이 '열'의 작용이다. 자아는 발열을 통해서 몸에 작용한다. 6개월 무렵부터 7세까지의 아이는 열이 자주 난다. 홍역이나 볼거리, 수두 등 아이들이 앓는 전형적인 병은 발열을 동반한다. 엄마와 아빠 중에는 자신의 아이가 고열을 동반한 병을 앓고 난 뒤, 이전보다 성장했다든가, 얼굴에 개성이 나타났다고 느끼는 사람도 있을 것이다. 아이는 발열을 통해서 자신의 개성과 인생의 역할에 걸맞은 '자신의 몸'을 완성해간다.

몸에는 '자신'과 '자신이 아닌 것'을 구별하는 '면역계'가 갖춰져 있다. 몸이 세균과 바이러스를 '이물질'로 받아들이고 그것과 싸우는 것은 면역계가 작용하기 때문이다. 그리고 면역계는 38~39도의 발열 때, 더욱 강하게 작용한다. 때문에 발열을 억제하기 위해 무턱대고 해열제를 투여하면 오히려 면역계의 작용을 억압하여 자아가 할 일을 빼앗는 것과도 같다.

아이의 면역계는 병과 발열이라는 '시련'을 극복함으로써 더욱 발달한다. 그 힘은 세균이나 바이러스만이 아니라 자신의 세포가 '이물질'로 증식해버리는 암 같은 병으로부터도 몸을 지킨다. 그러나 자아가 억압되거나 화학물질이나 오염물질에 노출되면 면역계가 교란되어 알레르기 같은 과잉반응을 일으키는 일도 있다.

무엇인가를 달성하는 데는 시련이 따른다. 아이들이 앓는 전형적인 병은 건강한 몸을 만들고 스스로의 인생을 걸어갈 힘을 얻기 위해 거쳐야 하는 길이기도 하다.

의사에게는 되도록 많은 정보를 주자

그럼, 아이가 의사의 진찰을 받을 경우, 의사와 어떻게 대면하면 좋을까.

아이는 천식 같은 만성질병을 제외한 급성질병에 걸렸을 때 대개는 부모의 손에 이끌려 병원에 간다. 대부분의 의사는 처음 만나는 아이, 잘 알지 못하는 아이를 진찰한다. 때문에 기본적인 정보를 의사에게 전달하는 일이 중요하다. 적어도 아래 사항들은 부모 쪽에서 미리 생각했다가 의사에게 알려야 한다.

또한, 엄마와 아빠가 지금 걱정하는 것, 불안하게 느끼고 있는 것을 솔직하게 의사에게 말해야 한다. 왜 병원에 데리고 갔는지, 평소의 아이 상태와 어떤 점이 다른지, 단순히 진찰을 받고 약만 받지 말고, 부모 스스로 그와 같은 질문을 생각해보고 그 질문에 대한 답을 다시 의사에게 전달함으로써 의사와 부모가 함께 아이를 위해서 생각할 수 있어야 한다. 그와 같은 신뢰 관계는 물질적인 면에서도, 정신적인 면에서도 아이의 성장을 지탱해준다.

의사에게 알리면 도움이 되는 사항
1. 평소의 체온과 병이 난 뒤의 체온 변화
2. 발진이 있을 경우, 첫 증상과 상태는 어땠는가
3. 설사를 할 경우, 횟수와 색깔은 어땠는가
4. 병이 난 뒤, 수분 섭취와 식사의 양은 어느 정도였는가
5. 평소의 체중

집에서 할 수 있는 습포 찜질법

글 … 시마무라 요시코, 감수 … 아리가 신이치로

**찜질(습포)은 슈타이너 의학 병원에서는 치료법의 하나로 이용된다.
병이 났을 때뿐 아니라 아이가 잠을 이루지 못할 때나 소리치며 울거나, 불안해하거나,
충격을 받았을 때도 효과가 있다고 한다. 가정에서 할 수 있는 방법을 소개한다.**

[고열이 날 때] 레몬 찜질

준비할 재료

- 레몬(유기농이면 더 좋다) … 1개
- 물(체온보다 약간 낮은 미지근한 물) … 500~750㎖
- 면 헝겊(무릎 밑에서 복사뼈까지의 길이 × 40㎝ 정도) … 4~6장
- 큰 수건 … 여러 장
- 큼직하고 긴 양모 양말(또는 사용하지 않는 목도리 같은 양모 천과 안전핀)
   … 두 다리에 사용할 수 있을 만큼

1. 레몬을 뜨거운 물로 씻는다.
2. 물을 담은 볼 안에서 나이프와 포크로 레몬을 반으로 자르고, 다시 중심에서 바깥쪽으로 칼집을 내고 그대로 눌러 물속에서 방향성 오일과 과즙을 낸다. ―A

※ 레몬수의 순도를 유지하기 위해 물속에 손을 넣지 않도록 한다.

3. 면 헝겊을 양끝에서 중심을 향해 둘둘 말아 큼직한 수건으로 감싼다. ―B

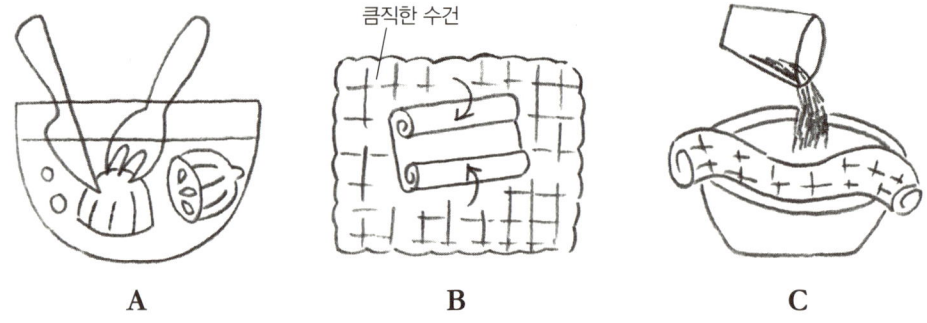

4. 3을 2에 적신다. 컵으로 레몬수를 떠서 위에서 붓는 방법으로 골고루 적신다. 물이 뚝뚝 떨어지지 않을 정도로 천을 짠다. ―C

5. 면 헝겊을 꺼내 아이의 종아리에 감고 찜질한다. ―D

6. 주위가 젖지 않도록 긴 양모 양말을 신긴다. 또는 양모 천을 감고 안전핀으로 고정한다. ―E

7. 아이를 이불에 눕히고, 담요나 이불로 푹 감싸고 안정시킨다. 5~10분 후에 습포를 재빨리 교체하고, 마찬가지로 5~10분 정도 아이를 안정시킨다.

8. 세 번째 습포를 감은 뒤에는 30분간 안정을 취하게 한다. 시간이 지나면 습포를 풀고 그대로 20~30분 정도 아이를 재운다.

※ 만약 찜질 도중에 아이의 다리가 차가워지면 찜질을 중지한다.

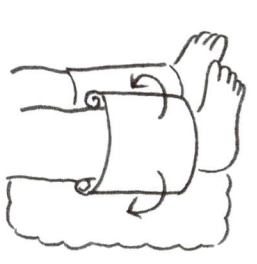

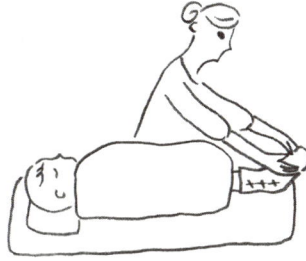

E
찜질을 하는 중에는 전신이 차가워지지 않도록 담요나 커다란 수건으로 감싸준다.

D
습포는 무릎 아래부터 복사뼈까지 감아준다.
주위가 젖지 않도록 수건을 깔아둔다.

효과적인 레몬 찜질법

열이 날 때, 종아리에 하는 냉습포법이다. 레몬의 과육은 두꺼운 껍질 속에, 다시 얇은 껍질에 싸여 중심을 향해 가지런히 줄지어 있다. 레몬의 신맛과 중심을 향해 통합하는 힘이 염증에 작용하여 열을 식힌다.

한편, 이 습포는 다리가 차가울 때에는 절대로 해서는 안 된다. 다리가 차가울 때는 온찜질이나 족욕 등으로 다리를 따뜻하게 한 후에 하면 몸 전체로 레몬의 힘이 골고루 퍼진다.

습포를 하는 동안에 열이 내려갈 수도 있기 때문에 체온이 낮아지거나 땀을 흘릴 때는, 얼굴색과 의식 등 아이의 상태를 잘 살펴야 한다.

[아토피와 가려움증]
쇠뜨기 차 찜질

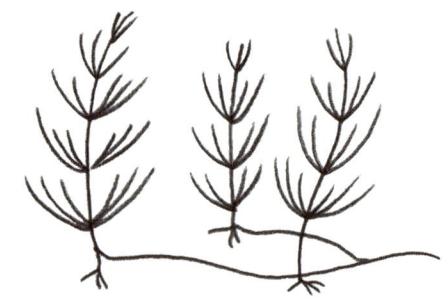

아토피성 피부염인 습진이 짓물러 가려울 때 효과가 있다. 쇠뜨기는 미네랄이 풍부한 식물로 수분을 빨아올리는 힘이 강하고 짓무른 피부를 건조시키는 작용을 한다.

쇠뜨기 차는 그대로 마셔도 좋고, 차 찌꺼기를 망에 넣어 쇠뜨기 목욕을 해도 피부의 가려움이 완화된다.

준비할 재료

- 물 … 500㎖
- 쇠뜨기 차 … 1테이블스푼
- 면 헝겊(환부에 감을 수 있을 정도의 길이)
- 사용하지 않는 목도리 등 양모 천과 안전핀

1. 물에 쇠뜨기 차를 넣고 불에 올려 15분 정도 삶은 다음 5분 정도 뜸을 들인다.
2. 앞서 소개한 레몬 찜질과 같은 요령(3~6번)으로 헝겊에 차를 적셔 가려운 곳에 습포하고 10분쯤 지나면 교체한다. 이것을 가려움이 가라앉을 때까지 되풀이한다.

습포 찜질을 할 때는 온몸을 감싸주세요

습포는 에너지를 방출하는 약이나 식물을 피부를 통해 침투시키는 방법이다. 중요한 것은 습포뿐 아니라 습포를 할 때 몸 전체를 담요나 이불로 감싸주는 것이다.

방의 분위기도 커튼을 치거나 하여 어둡게 하고, 말을 하거나 음악도 틀지 말고 아이가 조용히 휴식할 수 있도록 한다. 온몸을 감싸주면 '나는 내 몸을 느낀다'라는 의식이 자아의 힘으로 작용하여 병을 이겨내려는, 건강해지려는 힘이 더욱 커진다.

[아토피와 가려움증]
홍차 찜질

사용하고 남은 홍차 티백을 이용해서도 아토피나 습진의 가려움을 간단히 치료할 수 있다. 홍차에 함유된 탄닌에는 쇠뜨기와 같은 효과가 있어 피부를 건조시키고 염증을 가라앉힌다.

준비할 재료
- 홍차 티백(한 번 사용한 것) … 1~2개
- 양모 천(환부에 감을 수 있을 정도의 길이)

1. 냉장고에 넣었다 꺼낸 차가운 티백을 가려운 곳에 그대로 올려놓는다.
2. 티백 위에 양모 천을 감고 안전핀으로 고정하여 수 분~10분간 그대로 둔다. 한 시간 간격으로 계속할 수도 있다.
3. 가려움이 심할 때는 냉동실에 얼렸다 꺼낸 네모난 홍차 티백으로 환부를 재빨리(20초 이내) 쓰다듬듯이 문지른다.

※ 피부 위에 올려놓거나 고정시켜 놓으면 안 된다.

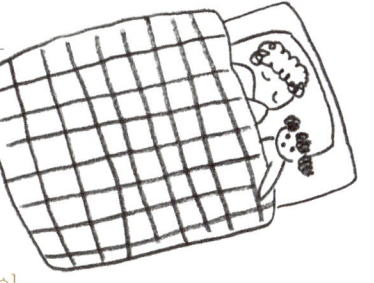

아이가 아플 때는, 주로 정신적으로 외롭거나 힘들 때이므로 엄마가 옆에 있으면 아이는 엄마의 보호막 아래서 보호받고 있다는 안도감을 느낄 수 있다. 또한, 습포를 할 때나 혼자 누워 있을 때에는 아이가 좋아하는 인형을 옆에 뉘어주고 "인형도 열이 나니까(배가 아프니까) 같이 눕게 해주자"라고 말을 건네는 등 아이가 즐거워할 만한 아이디어를 생각해보자.

7세까지 식사와 성장

글 … 시마무라 요시코, 감수 … 아리가 신이치로

요리를 하는 부모의 모습, 조리하는 소리, 구수한 냄새와 갖가지 빛깔,
가족과 함께 둘러앉은 식탁……. 먹을 것이나 식사는 아이의 성장과 어떤 관련이 있을까?
또, 식사 예절이나 편식에 대해서는 어떻게 해야 좋을까?

무엇을 먹여야 좋을까?

이유식은 생후 6~8개월 무렵, 유치가 나올 무렵부터 시작된다. 슈타이너 인지학에서는 이유식에 처음 한 달은 곡물을 부드럽게 익힌 것을, 2개월째부터는 조금씩 조리한 채소를 쓰라고 권한다. 날것은 너무 이른 시기부터 먹이지 않는다. 또 곡류는 아래처럼 대변의 상태를 조절하기 때문에 그때그때의 상태를 고려하여 선택한다.

> 쌀… 변을 딱딱하게 한다.
> 밀… 보통
> 오트밀… 변을 무르게 한다.

슈타이너는 아이에 맞는 식재료에 대해서 "달걀은 세 살까지는 먹이지 않는다. 7세까지는 아주 조금(일주일에 한두 번)만 먹인다. 커피, 홍차는 먹이지 않는다. 코코아는 소화가 너무 빠른 아이에게 정장작용을 위해서 주는 경우 이외에는 주지 않는다"라고 했다. 또한, "달걀이나 고기는 포만감을 느끼는 본능을 파괴한다. 과일은 외국 것보다 자기 나라에서 나오는 것이 건강에 더 좋다. 겨울에는 단맛이 나는 것, 여름에는 신맛이 나는 것이 좋다"라고도 했다.

동양인은 농경민족, 서양인은 수렵민족이라고 알려져 있다. 그렇다면 문화와 풍토에 따라 식생활도 달라야 한다. 식사는 특정한 '주의'나 '가르침'보다 부모가 직접 아이의 상태를 확인하고 그에 맞게 조절하는 것이 중요하다.

인간		성질과 작용
	두부(신경감각계)	● 단단하고 차갑다 ● 지각과 감각 (세계의 인식)
	흉부(리듬계)	● 호흡 ● 혈액순환 ● 헤모글로빈의 생성
	사지·하복부(대사계)	● 소화 ● 생식 ● 행동 ● 대사

식물		성질과 작용
	뿌리	● 단단하고 차갑다 ● 흡수(섭취)
	잎	● 동화작용 ● 엽록소 생성
	꽃(씨)	● 태양열을 모은다 ● 번식 ● 아로마 / 향기 / 색채 ● 대사

인간과 식물의 대응관계

슈타이너는 인간을, 두부(頭部)를 중심으로 하는 '신경·감각계', 흉부를 중심으로 하는 '호흡·순환계'(리듬계), 하복부를 중심으로 하는 '대사계'의 3층 구조로 파악했다. 이와 같은 3층 구조는 식물에도 있으며 인간과 위아래가 바뀌어 있는 것을 볼 수 있다. 뿌리는 인간의 두부, 잎은 흉부, 꽃(씨)은 사지·하복부에 대응한다. 예를 들면, 뿌리채소는 뇌의 신경감각계에 효과가 있다고 보는 것이다.

발도르프 유치원의 식사시간

식사는 아이에게 인간 본연의 모습, 정신성, 사회성, 삶의 방식 등 많은 것을 가르쳐 준다.

대다수의 발도르프 유치원에서는 보육실에 부엌 코너가 마련되어 있다. 보육교사는 아이 옆에서 간식과 가벼운 식사를 준비한다. 아이는 보육교사를 거들면서 식사가 준비되는 과정을 통해서 질서를 배우고, 어른의 모습을 보면서 조심성을 배우며, 음식에 대한 감사와 애정, 예술성 등을 느낀다. 무엇보다 요리가 끝날 때까지 솔솔 풍기는 '구수한 냄새'는 아이들을 행복한 기분에 부풀게 한다.

유치원의 하루 흐름에는 생활의 리듬이 있다. 마찬가지로 식사시간에도 리듬이 있다. 식사 전에 노래를 하거나 기도를 함으로써 차분해지고, 감사한 마음과 청결한 분위기가 형성된다. 그리고 "잘 먹겠습니다"라는 인사를 하고 다 같이 나누어 먹는다.

식사 중에 보육교사는 차분하게, 하지만 너무 느릿느릿 먹어서도 안 되며, 되도록 이야기도 삼가도록 한다. 아이들은 모든 태도를 보육교사(어른)에게서 배우기 때문이다. 마지막으로 조심스럽게 설거지를 하고 식기는 가지런히 제자리에 갖다 놓는다. 이런 식사과정은 가정과 유치원이 서로 협력하여 습관이 될 수 있게 하면 좋다.

식사방법과 양치질 가르치기

날마다 되풀이되는 식사는 식욕을 충족시켜줄 뿐 아니라 두뇌의 활성화에도 중요한 역할을 한다. 식사를 하면서 모든 감각이 자극받기 때문이다. 맛있는 식사, 즐거운 식탁은 사람과 사람의 마음이 통할 수 있는 중요한 요소다. 거기서부터 아이의 도덕성과 사회성이 자란다.

밥을 급하게 먹는 아이에게는 옆에 있는 어른이 먼저 여유 있는 마음을 갖고 꼭꼭 씹어 천천히 맛을 음미하며 먹는 모습을 보여주도록 한다. 한없이 느리게 먹는 아이에게는 "얼른 먹어!"라고 잔소리를 하기보다 "자, 입 안에 밥을 넣자", "꼭꼭 씹자"라는 식으로 아이가 해야 할 행동을 구체적으로 가르쳐준다. 엄한 말이나 조급한 태도를 보이면 아이에게는 어른의 감정밖에 전달되지 않는다. 또한, 아이는 아직 말로 들은 것을 곧바로 자신의 몸을 움직여 행동하는 것으로 연결하지 못한다. 때문에 어른이 구체적인 움직임을 보여주는 것도 중요하다.

한없이 음식을 입에 물고 있거나 음식물이 입 밖으로 흘러나올 때는 아이의 상태를 잘 살펴보아야 한다. 자세가 좋지 않아서 잘 삼키지 못할 수도 있다. 또한, 코로 호흡하지 않고 입으로 호흡하는 경우도 있다. 아래턱이 발달하지 못했는지도 살펴보아야 한다. 이 경우, 날마다 사과나 당근을 갉아먹는 것만으로도 씹는 힘과 턱의 힘이 커진다.

식사 후의 양치질은 '습관'으로 만들어야 한다. 2~4주일 동안 포기하지 않고 계속하면 이후에는 자연스럽게 몸이 기억한다.

편식 문제

아이의 편식은 엄마의 걱정거리가 아닐 수 없다. 아이는 자신의 몸이 원하는 것을 본능적으로 안다고 한다. 그렇다고 설탕이나 초콜릿류의 과자만 먹인다고 좋은 것도 아니다. 아이의 식욕은 식탁의 분위기에도 영향을 받는다. 또한, 계절식품, 신선한 식품, 자극이 적은 식품을 골라 메뉴를 늘리거나 조리법을 바꾸기만 해도 아이가 요리에 손을 내미는 수가 있다.

그릇은 자연 소재를

7세까지의 아이에게는 '만져보는' 체험이 중요하다. 촉각을 통해서 이 세계를 탐색하고 알아가는 것이다. 특히 입과 손의 촉각은 민감하게 작용한다. 무엇인가를 만질 때마다 아이는 자신이 '몸'을 갖춘 존재임을 의식한다. 몸에 닿는 것이 모두 안심할 수 있는 것이라면 주변의 세계와 자신을 신뢰할 수 있게 된다.

그러므로 이 시기의 아이가 사용하는 그릇도 나무나 도자기 등 되도록 자연 소재로 만든 것이 좋다. 플라스틱은 가볍고 잘 깨지지 않고 값이 싸지만 접시도 컵도 숟가락도 하나같이 촉감이 같기 때문에 아이는 손에 닿는 것으로 그 본질을 느낄 수가 없다. 도자기처럼 잘 깨지는 것이라도 부모가 조심스럽게 소중하게 다루면 아이는 부모를 흉내 내어 소중히 다룬다.

낮잠 자기

아침 활동, 그리고 식사 후의 낮잠은 아이에게 좋은 휴식이 된다.

요즘 아이들은 어른을 따라 야행성 생활을 하기 때문에 수면시간이 부족하다. 7세까지의 아이는 본래 저녁 7시부터 아침 7시까지 11~12시간의 수면을 취해야 한다. 1~2세의 아이는 더욱이 오전과 오후에 약 한두 시간의 수면을 취해야 한다. 5~7세가 되면 식사 후의 낮잠을 싫어하거나 집 밖에서 놀고 싶어하지만 그래도 낮잠시간대에는 공원이나 마당에서 느긋하게 보내는 것이 좋다.

낮잠시간에는 커튼을 쳐 방을 약간 어둡게 한다. CD 등으로 음악을 틀어놓기보다 엄마가 조용히 천천히 노래를 불러주며 잘 자라고 하면 아이는 편안하게 잠든다.

2

아이와 나

슈타이너는 사람은 7년 주기로 성장한다고 보고,
몸, 마음, 정신이 어떻게 성장하고
그 성장을 위해서 무엇이 필요한지 보여주었다.
7세까지의 아이가 '인생의 어떤 계절'에 있는지 생각해보고,
또 부모이면서 동시에 한 인간인 '나'에 대해서도
돌아보는 건 어떨까?

사람은 7년 리듬으로 성장한다

글 … 히바라 유코

**루돌프 슈타이너는 사람의 성장 마디는 7년에 한 번꼴로 있다고 보고
각각의 시기에 우리는 어떻게 성장하고, 성장하는 데 무엇이 필요한지 보여주었다.
여기에서는 그런 생각들에 근거한 '생애 주기' 방식으로 인생의 표를 만들어보았다.**

※ 7년 주기는 엄밀히 헤아리면 태어나서 7세 생일 전날까지가 첫 7년이 되지만,
  이렇게 구분하는 것은 어디까지나 기준일 뿐이고 사람마다 차이가 있다.

제1기 [몸의 성장]

두부에서 흉부, 사지·복부의 순으로 몸이 만들어지고, 육체의 각 기관과 조직이 제 기능을 할 수 있도록 발달을 이룸과 동시에 주위로부터 다양한 것을 '받아들이는' 시기다. 음악에 비유하면 악기를 만드는 시기에 해당한다.

0~7세
영구치가 나기 전 몸을 만드는 시기

몸이 가장 많이 자라고, 특히 신경조직과 눈, 코, 귀 등의 감각기관이 집중되어 있는 두부가 발달하는 시기다. 3세 정도까지는 기본적으로 '서고, 말하고, 생각하는' 활동이 가능해진다.

'받아들이는' 요소가 가장 강한 시기로, 온몸이 감각기관인 것처럼 주위의 영향을 받으며, 모든 자극을 여과 없이 받아들인다. 그런 까닭에 따스한 '보호막'으로 보호받아야 하며 온화하고 자극이 적은 환경을 제공받는 것이 중요하다. 주위를 흉내 내면서 무엇인가를 하려는 의지가 자라기 때문에 어른은 일상적인 집안일 등을 통해서 아이가 인간의 자연스러운 삶을 기쁘게 모방할 수 있도록 배려해야 한다.

'세상은 선하다', '나는 이 세상에 받아들여지고 있다'라고 느낄 수 있는 것이 중요하며, 그것이 인생 전반의 윤리감각을 결정짓는다. 또한, 모든 생명력은 몸을 만드는 데 쏟

아부어지고 있기 때문에 이 시기에 지적 교육을 하는 것은 그 생명력이 하는 일을 방해하여 건전한 몸을 키워가기 어렵게 한다.

영구치가 나기 시작하면 몸만들기의 첫 단계는 끝난다.

7~14세
풍부한 내면생활과 관계 형성이 시작되는 시기

흉부의 폐와 심장을 중심으로 한 호흡·순환기관이 성숙하는 시기다. 생활리듬이나 버릇, 습관도 이 시기에 익힌다. 기억할 수 있으므로 학습이 시작되고, 학교 선생님 등 사랑이 가득한 어른의 권위에 따르는 시기다.

예술적인 체험과 경건한 체험을 통해 감정이 풍부해지며, '세상은 아름답다'라고 느낄 수 있는 것이 미와 조화에 대한 감각의 기초가 된다.

세상이나 주위 사람들과의 사이에 '주다, 받다'라는 상호관계가 형성되고, 그 체험에서 다양한 관계 형성의 기본이 싹튼다. 9세 전후에 풍부한 내면생활이 시작되고, 주위의 세계와 '나'와의 차이를 강하게 의식하게 된다. 때로 고독감을 느끼기도 한다.

14~21세
인생에 대한 충동과 갈등의 시기

사지·복부를 중심으로 한 근육과 소화·대사기관이 발달하고, 생식기관이 성숙하는 시기다. 세계를 객관적으로 받아들이기 시작하며 윤리적으로 사고할 수 있다.

인간의 이상에 대해 자각하면서 성적 충동이나 욕망과 대립한다. '나는 누구이며, 어디에서 왔는가'와 같은

아이와 나

근원적인 물음을 가지면서 세상과 마주한다. 자립하여 세상에 발을 내딛는 것에 대한 불안과 자유에 대한 강한 욕구, '주어진 인생'과 '자신이 원하는 인생에 대한 충동' 사이에서 갈등이 일어나기 시작하는 시기다.

'세상에는 진실이 있다'라고 느낄 수 있어야 진리를 탐구하는 감각과 건전한 비판 정신을 키워갈 수 있다. 어른이 되어 세계로 여행을 떠난다.

제2기 [마음의 성장]

사회와 타자와의 관계 속에서 다양한 경험을 거치면서 마음이 성숙해간다. '받는 것'과 '주는 것'이 되풀이되고, 자기교육과 자기성장이 과제가 된다. 음악으로 말하면 악기를 연습하는 시기와도 같다.

21~28세
새로운 세계와 자신의 벽에 부딪히는 시기

지금까지는 주어진 인생을 살았다면 이 시기에는 어른이 되어 스스로의 힘과 책임으로 자유롭게 인생을 걸어가기 시작한다.

새로운 세계와 만나고, 다양한 인간관계와 경험을 통해 많은 것을 배운다. 같은 뜻을 둔 동료를 얻으며 이상에 불탄다.

일에 대해서는 아직 불안정한 요소가 많고, 기대받는 역할을 연기하고, 모든 것을 감각적으로 판단하는 경향도 있다.

28세 전후로 '청년기의 위기'가 찾아와 이상과 현실의 격차를 깨닫거나 자신의 능력의 한계나 인생에 홀로 대면하는 두려움을 느낄 수도 있다.

28~35세
인생 계획을 세우고, 단단히 땅에 뿌리내리는 시기

직업적인 경험을 쌓아가고, 타자에 대한 사랑과 열광, 반감과 대결 등 다양한 사회와 인간관계를 체험함으로써 마음이 단련된다.

이 시기는 세계가 어떻게 조직되는지 인식하는 것이 중요하며 세계와 사회의 관계 속에서 자신의 인생을 계획하고 땅에 단단히 뿌리내려야 한다.

합리적으로 일을 구축하여 하나의 기준과 가치판단을 얻는 반면, 그것에 집착하는 수도 있다. 자신을 과대평가, 혹은 과소평가하기 쉬운 시기이기도 하다. 일과 가정의 균형, 합리적인 판단과 주위에 대한 관용과 사랑, 동정심의 균형을 잡는 것도 중요하다.

35~42세
의식적으로 본질에 다가서기 위해 노력하는 시기

인생의 반환점을 돌았다는 기분과 더불어 몸이 조금씩 쇠약해지는 것을 느끼기 시작한다.

20대에 견주어 주위의 시선에는 신경 쓰지 않지만 모든 역할에서 자유로워진 본래의 자신을 찾기 시작하는 시기다. 직업과 삶, 인생의 의미와 과제에 대해서 '이대로 좋은가?'라는 근원적인 물음이 일고, 경우에 따라서는 커다란 전환이나 위기를 맞을 수도 있다.

의식적으로 본질에 다가서기 위한 노력을 하며 새로운 가치관과 기준을 찾는다.

42세가 되었을 때, 완전한 어른이 되기 위해서는 스스로 자신의 인생을 받아들일 수 있도록 마음이 성숙해야 한다.

제3기 [정신적 · 영적 성장]

인간으로서의 성숙기다. 이 시기에 몸은 성장 순서와 반대로 사지 · 복부에서 시작하여 점점 흉부, 두부가 쇠약해지지만, 또 그만큼 지혜와 덕을 얻는다. 인생의 어떤 과실을 수확하여, 사람들과 사회에 '줄' 수 있는가가 과제가 된다. 음악으로 말하면 자신의 교향곡을 작곡하여 연주하는 시기다.

42~49세
경험을 나누고 새로운 분야에서도 활약하는 시기

새로운 가치관과, 일에 대해 다양한 견해를 획득하는 시기다. 근육과 소화기관, 생식기관이 쇠약해지지만 '지금까지 어떤 재능을 잠재워두었는가'를 자문해보고, 발전 가능한 능력을 신장시키는 것을 과제로 삼아야 한다. 사회적 활동에 눈을 돌리는 시기이며, 새로운 분야에서 창의력을 발휘하여 주도권을 잡을 수 있게 된다. 지금까지 경험을 통하여 얻은 것을 자신의 능력으로 바꾸어 젊은 사람들에게 나누어주어야 한다.

49~56세
마음의 소리에 귀를 기울이는 시기

신체가 쇠약해지기 때문에 새로운 리듬을 찾아야 하며, 마음의 소리에 귀를 기울여야 하는 시기다. 폐와 심장이 중심인 호흡·순환기계는 쇠약해지지만 인류를 배려하는 깊은 마음과 도덕적·윤리적인 감각을 발전시킬 수 있다. 사회를 조화롭게 하기 위해 노력하며, 젊은 세대의 부모 역할, 경영자적 역할을 하며 후진을 양성하고, 일에서 은퇴할 준비도 해야 한다. 인생의 충족감, 혹은 공허감을 맛보기도 한다.

56~63세
인생을 돌아보고, 통찰의 깊이가 더해지는 시기

직업생활에서 물러나 자신의 인생을 돌아보고 정리하는 시기다. 신경·감각기관이 쇠약해져 신체 곳곳의 균형이 깨지고, 병이나 죽음에 대한 불안을 느끼기도 한다. 그러나 인생 경험에서 얻은 지혜를 다음 세대에 전해줄 수 있고, 정신적 지도자가 될 가능성도 있다. 몸은 쇠약해지지만 세상과 인생에 대한 통찰력은 더욱 깊어진다.

아이와 나 43

63세 이상
번뜩이는 예지를 발할 수 있는 시기

'운명이라는 직물'에서 점점 자유로워진다. 몸은 불편하지만 병과 더불어 살아가는 요령을 터득하여 건강 상태가 종종 양호해지기도 한다. 나아가 아직은 새로운 능력을 익히는 것도 가능하다. 번뜩이는 예지를 발할 수도 있고, 지금까지 미루어두었던 인생의 숙제들을 차근차근 해결하면서 서서히 인생을 마무리한다.

사리사욕이 적어지고 겸허해져 사회와 인류에 더 많은 공헌을 할 수 있다. 죽음, 곧 자신의 인생을 마치는 방법을 생각할 뿐 아니라 이 시기에 새롭게 시작한 일은 다음 인생의 준비도 될 수 있다고 생각한다.

인생의 비밀을 알면
자녀교육이 즐거워진다

글 … 히바라 유코

**아이와 마주하며 자신의 현재 위치를 아는 것은 중요하다.
사람의 몸과 마음이 어떻게 성장하는지 알면
자녀교육기를 더 즐겁게 보낼 수 있지 않을까?**

보이는 세계와 보이지 않는 세계

앞에서는 인생을 크게 세 시기로 나누고, 각각의 시기를 다시 세 시기로 나누어 7년 주기의 리듬을 살펴보았다. 이것을 다른 관점에서 다음 페이지에 도식화해보겠다. 슈타이너는 인간을 생물학적 존재이자 정신적 존재로 보았다. 그 말은 곧 우리는 물질적인 몸을 가지고 있기 때문에 지상이라는 '보이는 세계'에 속해 있으며, 다른 한편으로는 자아를 통해 드러나는 정신성이 있기 때문에 천상이라는 '보이지 않는 세계'에 속해 있다는 의미다. 그리고 자아는 하늘에서 찾아와 이 세상에서 생활하는데 윤회전생을 되풀이하며 계속 성장해간다는 것이다. 이것은 슈타이너 인간관의 기본이며, 발도르프 교육도 이 바탕 위에 서 있다. 이 두 세계의 본연의 모습을 하나의 도식으로 나타낸 것이 도표에 그려진 두 개의 포물선(영적 곡선과 생물학적 발달 곡선)이다.

태어나자마자 영적 곡선이 하강하는 자아는, 차츰차츰 생물학적 발달 곡선이 상승하는 몸으로 들어가지만 21세 무렵이 되면 몸의 성장세가 주춤한다. 42세가 지나면 몸은 쇠약해지지만 자아는 다시 성장하기 시작한다. 체험과 배움을 통해서 세상을 받아들이는 첫 21년이 있고, 다음으로 주고받는 것이 길항하는 시기, 다시 말해 땅에 확고하게 뿌리를 뻗고 자신의 인생을 구축해가는 21년이 있다. 그다음으로 자신의 것을 내어주는 21년은 늙어가면서 성숙해지고 지혜를 얻음으로써 인생의 열매를 얻는다.

지상과 천상 사이에 있는 마음은 보이는 세계와 보이지 않는 세계를 이어준다. 몸의 성장과 이어져 있던 마음은 21세 무렵부터 독자적으로 성장하기 시작하여 28세 무렵까지 자연스럽게 성장한다. 그러나 그 이후로는 의식적으로 노력하지 않으면 성장하

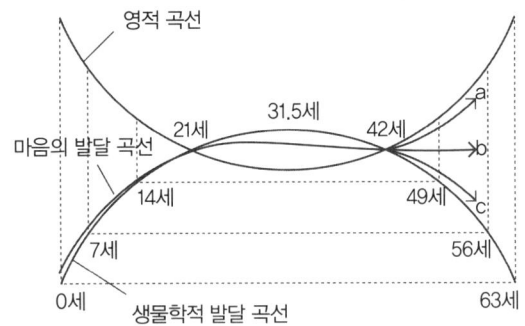

몸은 쇠약해져도 정신은 빛난다

0세에는 의식은 아직 먼 하늘에 있는 상태. 영적 곡선과 생물학적 발달 곡선이 교차하는 21세가 되면 성인이 된다. 몸의 성장은 31.5세에 절정을 맞는다. 몸에서 자유로워진 마음은 28세까지는 자연스럽게 성장하지만 두 번째 영적 곡선과 생물학적 발달 곡선이 교차하는 42세를 앞두고, 몸과 더불어 마음도 쇠약해지거나(마음의 발달 곡선)(c), 무리하여 젊음을 유지하려고 내달리다 성장이 멈추거나(b), 아니면 의식적으로 인생에 도전하여 정신성과 함께 상승하거나(a) 하는 선택에 내몰린다. 아무리 나이가 들어도 정신성은 성장하기 때문에 '이제 다 늙었다'고 체념하지 말고, 내면을 갈고 닦는 노력을 하면 마음은 더욱 향상하고 정신은 빛날 것이다.

지 않는다고 보고 있다.

슈타이너는 우리의 자아는 인생의 다양한 마디를 통해서 우리의 인생에 작용한다고 생각했다. 마치 외부에서 갑자기 찾아오는 것 같은 인생의 커다란 사건은 실은 자아가 끌어당기는 것이라고 한다.

인생의 리듬에는 7년의 리듬 이외에도 여러 가지가 있지만 이 자아의 작용이 강하게 드러나는 것 중의 하나가 18년 반의 리듬이다. 이 리듬은 사람에 따라 체험하는 방식이 다르다. 다양한 운명적 만남, 새로운 충동, 변화와 변동, 병고와 사고, 위기와 어려움 등의 형태로 나타나는 것이 일반적이다. 특히 이 리듬의 두 번째 시기인 37세 전후는 자녀교육 세대에게도 특별한 때다.

자녀교육 세대는 시야를 넓혀야

28세부터 42세 정도가 중심인 자녀교육 세대는 마음을 의식적으로 성장시켜가는 시기다. 위의 도표로 설명하면, 인생에서 천상적인 것과 지상적인 것이 가장 크게 겹치는 시기다. 지상적으로는 정점, 천상적으로는 저점이 되는 인생의 커다란 전환기이며 중간점이기도 하고 42세 이후의 갈림길을 대비한 중요한 도움닫기 기간이라고도 할 수 있다.

28세를 지나면, 이상과 현실 그리고 자신의 한계를 알게 되면서 더욱 확실하게 인생을 구축하려고 한다. 28세부터 35세 사이에 가정을 꾸리고 출산하는 사람이 많다. 생활과 자녀교육에 가장 많이 관여하는 이 시기는 수많은 만남과 기쁨, 방황, 여러 가지 갈등을 경험한다. 배우자와의 관계도 노력하지 않으면 유지할 수 없다. 하지만 갈등이 있기 때문에 소중한 가족의 존재도 의식할 수 있는 것이며, 정신없이 살아가는 이 시대에 정신적으로 크게 의지할 수 있는 존재와 만날 수도 있다. 그것은 어둠 속을 비추는 빛과 같다.

그러나 이 도표로 설명하면, 이 시기는 자신의 인생을 구축하는 데 가장 깊이 관여하기 때문에 아이를 바라보고 자신을 바라보는 범위가 좁아지기 쉽고, 또 여간해서는 여유로운 시선으로 주위와 전체를 보기 어렵다. 때문에 시야를 조금 넓혀 객관적으로 세상과 자신을 보는 연습이 필요하다. 그것은 바로 자신의 고집이나 생각을 내려놓고, 타자의 처지에서 세상을 보는 것이기도 하다.

최근에는 결혼이 늦어짐에 따라 35세부터 42세 사이에 출산과 육아를 하는 경우도 많아졌다. 몸이 쇠약해지기 시작하고, 가치관의 전환이 필요하고, 자신의 인생에 대해 질문을 던지는 시기와 자녀교육기가 겹치게 되는 것이다. 게다가 두 번째 18년 반의 리듬도 찾아온다. 배우자와 자녀에게 시간과 노력을 들이는 일과 자기 인생의 충동 사이에서 균형을 맞추지 못하거나, 자신만이 변화하고 성장하지 못한다는 초조함이 엄습하기도 한다. 이 시기의 많은 사람이 인생을 돌아보고 싶은 충동을 느낀다. '자서전' 등을 써보면서 자신이 걸어온 길을 돌아보며 긍정하고 현 위치를 확인하는 작업은 내일에 대한 길을 찾는 데 큰 도움이 될 것이다.

인생 전체적으로 보면, 이 두 시기에 겪는 숱한 어려움은 고통 속에서 아름다운 진주가 만들어지듯이, 훗날의 인생을 형성하기 위한 커다란 마음의 양식이 된다. 어느 누구도 처음부터 자녀교육을 잘할 수 있는 것은 아니며 모두가 헤매고 고민하고 괴로워하면서 성숙한 인간이 되어가는 것이다. 초조해할 필요는 없다. 지금 경험하는 것이 훗날의 인생에 멋진 보물이며 재산이 될 것이다.

자녀교육기를 잘 헤쳐가기 위해서

모든 것을 근거리에서 보기 쉬운 이 시기는 여러 가지 것을 '놓고, 이야기하고, 떠나' 보는 것도 중요하다. 가령, 마음이 꽉 쥐고 있는 것을 '놓는' 것, 혹은 누군가에게 '이야기하는' 것이다. 또는 그곳을 '떠나'보는 것도 좋다. 때로는 아이를 맡기고 자신을 위한 시간을 확보해보자. 허심탄회하게 이야기를 나눌 수 있는 사람이 있는가? 혹은 하루 중 단 몇 분이라도 자기 혼자만의 시간을 갖고 자신에게 집중할 시간을 가질 수 있는가? 편안하게 숨을 쉴 수 있는 시간이나 공간이 있는가? 자기 나름의 기분 전환 수단이 있는가? 모처럼 기분 전환을 하면서도 마음속에서는 자신의 아집을 내려놓지 못하고 있는 건 아닌가? 모든 것을 굳이 자신이 해야 한다고 생각하고 있지는 않은가?

혼자서 짐을 끌어안지 않아도 된다. 때로는 다른 사람에게 맡겨도 된다. 또 여러 가지 것을 공유할 수 있는 허물없는 친구의 존재도 중요하다. 그리고 무엇보다 중요한 것은 모든 면에서 균형을 이뤄나가기 위해서도 자신이 자신으로 되돌아올 수 있는 시공간, 되돌아올 수 있는 방법, 다시 말해 명상이든 마음의 양식이 될 수 있는 서적이든, 예술활동이든 뭐든 좋으니 자신의 방법을 찾아야 한다.

우선 자기 자신을 확고히 끌어안고, 자신을 지킬 수 있으면 아이를 받아들일 힘이 생

긴다. 그러면 아이가 주는 많은 것들을 감사하게 받아들일 수 있게 된다. 자신을 초조하게 했던 것이 하찮은 것으로 생각될 수도 있고 완전히 다른 관점에서 보면 '우와, 재미있다'라고 느낄 수도 있다. 자기 자신으로 되돌아간다는 것은 자기 본래의 정신성과 만난다는 의미다. 그리고 그 정신성은 '나'라는 자아를 통해서 인생을 형성하는 목적과 자극을 줄 수도 있다. 그렇게 우리는 누구나 끊임없이 성장하고 발전해가는 존재다. 어깨의 힘을 빼고, 이 자녀교육기를 차분히 즐겨보자.

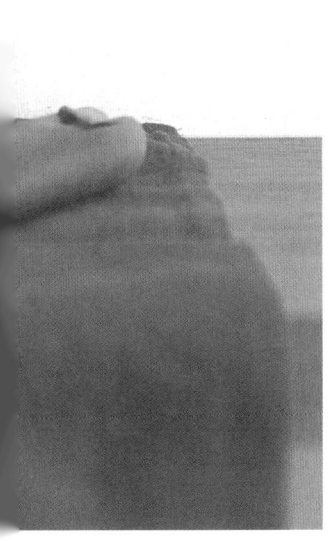

3

아이와 함께하는 생활

'아이는 어떤 존재일까?'라고 생각해보거나
그 발달단계를 이해하면 아이를 대하는 요령을 터득할 수 있다.
칭찬하고 꾸짖는 목소리는 어떤 영향을 미칠지,
음악은 어떻게 받아들일지, 어떤 이야기를 해주어야 할지,
도움이 되는 발도르프 교육법을 소개한다.

아이와 함께 살기 위한 가정 만들기

이야기 … 버나뎃 라이첼

자녀교육의 장인 '집=가정'이 사라지고 있다?!
가정 본연의 역할은 무엇일까?
보육교사인 버나뎃 라이첼 씨에게 이야기를 들어보았다.

점점 사라지는 '가정'

3세까지의 아이에게 '집'은 '보호막'과 같은 역할을 한다. 가정은 안전하고, 사랑이 넘치며, 일정한 생활리듬이 흐르는 곳이다. 그 안에서 아이는 자신이 인정받고 있음을 느끼고, 익숙한 세계에서 편안하게 성장한다. 그리고 부모 등의 어른은 아이의 모범이 되고 아이는 어른을 모방하면서 서서히 자란다. 다시 말해, 가정은 아이가 '세상'으로 들어가기 위한 환경이며, 그와 같은 환경이 당연하게 갖춰져 있는 것이 '가정'이었다.

그러나 어지럽게 변화하는 현대사회에서 가족은 경제적인 위기를 비롯해 사회로부터 여러 가지로 커다란 압박을 받고 있다. 부모에게 긴 노동시간이 강요된 결과 집은 텅 비게 되고 많은 젖먹이 아기들은 가정과는 거리가 먼 환경에서 지낼 수밖에 없게 되었다. 특히 이른바 선진국가에서의 일상은 늘 분주해서 되도록 식사나 수면시간을 줄여가며 일을 처리하려고 한다. 그로 인해 많은 가정이 건강한 가정생활과 직업활동 사이에서 균형을 잡을 수 없게 되었다.

가정의 모습은 그렇게 변해버렸지만 어린아이에게 보호막이나 보호가 필요하다는 사실은 변함이 없다. 오히려, 사회가 오늘날과 같이 변했기 때문에 영유아에게는 더 많은 보호가 필요하다. 그렇기 때문에 의식적으로라도 진정한 의미에서의 '가정'을 만들어야 한다.

가정 만들기의 네 가지 법칙

우리는 보육 환경을 조성할 때, 신체적인 쾌적함은 물론이고 마음과 정신에 미칠 영향, 아이 한 명 한 명의 개성까지도 고려한다. '가정'을 만드는 것도 같은 이치다.

영유아가 있는 가정에는 중요한 네 가지 법칙이 있어야 한다. 우선, '물리적인 환경'을 갖추어야 한다. 어질러져 있거나 정성이 담겨 있지 않은 환경에서는 우리의 마음도 혼란스럽다. 반대로 정성을 다해 아름답게 가꿔놓은 환경에서는 쾌적함을 느낄 수 있기 때문에 아이들이 하루 온종일 쾌적하게 지낼 수 있다.

두 번째로 '생명의 환경'을 갖추어야 한다. 생명 유지에 중요한 것은 생활리듬이다. 우리의 건강과 쾌적한 상태는 리듬을 가지고 살아감으로써 유지된다. 아이가 아침에 일어나서 밤에 잘 때까지 많은 활동을 하고, 그것이 날마다 일정한 리듬으로 되풀이되는 것이 중요하다.

그리고 세 번째로 '마음의 환경'을 갖추어야 한다. 바로 관계성을 기르는 것이다. 특히 엄마와 아빠의 관계, 부모와 아이의 관계, 그리고 보육자와 그 보육원에서 일하는 직원들 사이의 인간관계는 아이에게 커다란 영향을 미친다. 때문에 사람을 만날 때, 서로 어떻게 인정하고 어떻게 존중할지, 어떻게 관계성을 키워갈지 항상 유의해야 한다. 현대인들은 에고를 전면에 내세우며 저마다 자신이 올바르다고 주장한다. 하지만 힘을 합해 무언인가를 할 때에는, 상대를 어떻게 인정해야 하는가, 어느 장면에서 자신의 의견을 내세워야 하는가, 상대를 어떻게 받아들여야 하는가, 그런 균형을 찾지 않으면 안 된다.

그리고 네 번째로 '정신의 환경'을 갖추어야 한다. 여기서 '정신'이란, 나는 누구인가, 무엇을 목표로 살고 있는가, 하는 의식을 말한다. 가정의 경우에는 자신들의 가족에게는 어떤 '문화'가 있는가, 어떤 가치관을 중요하게 여기는가, 하는 것이다.

이 네 가지 측면을 고려하여 가정 환경을 가꿔나가면 환경 그 자체가 싱그러운 생명체처럼 반짝반짝 빛날 것이다.

새로운 가정 만들기를 위해서

이야기 … 버나뎃 라이첼

아이와 살아갈 가정은 어떻게 만들어야 할까?

하루하루의 생활 속에서 '한 호흡'을 확보하기

현대사회는 몹시 어지럽게 변화하기 때문에 우리의 사고는 분석적이고 냉철해지는 경향이 있다. 본래 인간은 더 여유롭게 지내야 하는데 현대인은 그 여유를 잃어가고 있는 것이다. 때로는 일단 멈춰 서거나, 생활 속에서 편안한 시간을 확보할 필요가 있다. 조용하고 편안한 가운데서 자신의 마음이 따뜻해지고 영양을 받아들이는 느낌을 갖도록 의식하며 살아야 한다.

배우자는 서로 존경심 가지고 대하기

인간관계에서 가장 중요한 것은 타자에 대한 경의와 존경이다. 부부관계라고 언제나 조화로울 수는 없지만 적어도 아이와 함께 있을 때는 의식적으로 서로에게 존경심을 갖도록 하는 것이 중요하다. 서로 존경심을 가지고 대하고, 서로 인정하는 어른들의 모습을 보면서 아이는 세상에 대해 배운다.

어른은 '자기교육'을 잊지 말기

아이는 가장 먼저 부모를 통해서 세상을 배우기 시작한다. 부모가 자신에 대해서 무엇을 기대하는지 알고 싶어한다. 그렇기 때문에 부모는 가족을 어떻게 보살펴야 할지, 그리고 자신의 가족이 어떤 가치관을 소중히 여기고 있는지 알고 있어야 한다.

루돌프 슈타이너는 '3세 미만 아이의 교육에 필요한 것은 어른의 자기교육이다'라고 했다. 많은 것을 스펀지처럼 흡수하는 아이에게 걸맞은 역할모델이 되기 위해서 어른은 자기 자신부터 교육해야 한다.

여기에 있고 싶은 느낌이 들게 하기

마음을 따뜻하게 하는 것은 그다지 어려운 일이 아니다. 식탁 위에 한 송이 꽃을 꽂아두는 것처럼 작은 마음 씀씀이면 충분하다.

생활리듬을 소중히 여기기

리듬이 있으면 안도감이 있다. 반대로 리듬이 없으면 모든 것이 혼란스럽다. 특히 젖먹이 아기는 생활에 리듬이 없으면, 지금 무슨 일이 일어나는지 알 수 없다. 현대사회에서는 잃어버린 리듬의 대부분이 식사, 수면과 관련이 있는데, 아이의 생활에서는 바로 그것을 가장 중요하게 여겨야 한다.

귀가는 가능한 빨리

부모 중 한쪽만 일하는 경우는 다른 한쪽이 집에 있을 수 있어서 좋지만, 맞벌이를 하는 경우는 어느 한쪽이 의식적으로 빨리 귀가해야 한다.

가족 문화 갖기

어느 곳을 처음 찾아갔을 때, 자신이 그곳에서 어떤 분위기를 느끼는지 생각해보길 바란다. 레스토랑과, 도서관이나 박물관은 분위기가 어떻게 다른지, 그 차이를 쉽게 느낄 수 있다.

그런 장소가 갖는 분위기, 눈에는 보이지만 손으로 만질 수 없는 그런 분위기가 아이에게 가장 강한 자극이 된다. 가족 문화란 그런 분위기와 같은 것으로 부모가 가정을 꾸릴 때 만들어지기 시작하여, 때로는 조부모나 친척에까지 확대되는 그 일관성 있는 이야기 속에서 어린아이는 세상에서 자신이 있을 곳을 찾게 된다.

가정 만들기에는 새로움도 중요하다. 과거의 가치관이 중요할 때도 있지만 요즘 시대의 선진성이나 지향하고자 하는 것을 스스로 판단하여 받아들이는 것도 중요하다.

아이 이해의 길잡이, '기질'

이야기 … 호리우치 세쓰코

**자신의 아이와 다른 아이를 비교하는 경우가 있다.
'모두 달라서 좋다'라고 생각하는 발도르프 교육에서의 '기질'에 대해 알아보자.**

기질의 차이를 이해하면 자녀교육이 쉬워진다

사람에게는 저마다 '기질'이 있다. 슈타이너는 이 '기질'을 '담즙질', '다혈질', '점액질', '우울질'의 네 가지 특징으로 분류하고, 누구나 이 네 가지 기질을 지니고 있다고 생각했다. 그 가운데, 특히 강하게 나타나는 기질을 잘 인식하고 장점을 키워가는 것이 이상적이다. 주요한 기질을 판별하는 방법인 네 가지 기질을 간단히 살펴보자.

담즙질
기운이 넘친다. 정의감이 강하고 행동적이지만, 쉽게 흥분하고 자신의 생각대로 되지 않으면 거칠어지거나 폭력적이 되기도 한다.

다혈질
밝고, 아이답다. 몇 번을 말해도 금세 잊어버린다. 꾸중을 들어도 그다지 상처받지 않지만 왜 꾸중을 듣는지 이해하지도 못한다.

점액질
무엇을 하든지 느긋하다. 내면에 판타지를 많이 가지고 있다. 소화가 잘되면 기분이 좋아져 잘 먹는다.

우울질
예술성이 높다. 생각이 깊어서 부모를 힘들게 하지는 않지만, 신경이 예민해서 사소한 일에 쉽게 상처받는다.

중요한 것은 어느 기질인가를 특정하는 것이 아니라 누구에게나 '기질'이라는 개성이 있다는 점이다. '이 아이는 왜 만날 이럴까?'라든가 '큰아이는 잘하는데, 동생은 못한다'라는 생각이 들 때 '이 아이의 기질이 그렇게 만드는 걸 거야. 같은 형제라도 기질의 차이가 있겠지'라고 생각하면 문제 될 것이 아무것도 없다. 게다가 조금 거리를 두고 아이를 바라볼 수도 있다.

종이접기 같은 것을 잘 못하거나 제멋대로 굴거나 문제를 많이 일으킬 때도 '이 아이 속의 무엇이 그렇게 만들고 있을까?'라고 생각해보면 그 아이의 '기질'이 어렴풋이 보일 것이다. 저마다 기질에는 부정적인 면과 긍정적인 면이 있다. 아이의 실패는 긍정적인 면을 발견할 수 있는 기회이기도 하다.

기질에 따라 받아들이는 방식도 다르다

아이는 저마다 타고난 기질에 따라 똑같은 말을 해도 다르게 받아들인다. 그 아이의 기질을 잘 활용하면 긍정적인 면을 키울 수 있다. 또한 '꾸중하는' 것은 기질의 부정적인 면을 자극하기 때문에 자주 꾸짖으면 부정적인 부분이 더 강하게 나온다.

부모의 기질과 아이의 기질 간의 궁합도 있다. 예컨대, 담즙질의 어머니에게는 점액질의 아이가 태만하게 보여 다그치기 쉽다. 그러나 우울질의 아이는 섬세하기 때문에 상처받을까 봐서 한 발 물러서기 쉽다.

기질은 타고난 유전적인 것(체액의 특징)에, 타고난 마음(자아)이 어떻게 작용하는가에 따라 형성된다. 유아기에는 어머니의 기질에 영향을 많이 받지만 아이 본래의 기질을 이해하고 잘 드러낼 수 있게 해주면 아이다움을 키워줄 수 있다.

아이와 함께하는 생활

아이가 떼를 쓰면

글 … 도시쿠라 에미

아이가 부모의 말을 잘 듣게 만드는 건 매우 어렵다.
그리고 부모가 냉정하게 아이와 마주하기도 어렵다.
아이에게 말하는 방법에 대해서 도시쿠라 에미 씨가 글을 써주었다.

"안아줘!"에서 졸업한 것이 아들의 성장마디로

우리 아들들이 어린 아기였던 시절을 그리워하며 이 글을 쓴다. '그립다'는 감정에는 '힘들었던' 추억들도 함께 떠오른다. 아이는 어른이 바라는 대로 되지 않기 때문에 하루하루가 시행착오의 연속일 수밖에 없다. 그러므로 '이렇게 말했더니 이해하는구나' 하는 체험을 조금씩 쌓아가면 좋을 것이다.

우리집도 둘째 아들이 두세 살 무렵에 꽤 힘들었다. 외출할 때면 늘 "안아줘!"라고 어리광을 부리며 걸으려고 하지 않았다. 난 그럴 때마다 "뭐, 할 수 없지" 하고는 덥석 안아주곤 했다.

어느 날, 친한 친구와 함께 피크닉을 갔을 때였다. 아이는 집을 나선 지 얼마 되지 않아 안아달라고 했고 나는 여느 때처럼 덥석 안아주려고 했다. 그런데 옆에 있던 친구가 아이에게 이렇게 타이르는 것이었다. "이제 컸으니까 엄마한테 안겨 가면 안 돼. 걸어가." 하지만 아이는 아랑곳없이 막무가내로 안아달라고 떼를 썼다.

그러자 친구는 나에게 말했다.

"이렇게 큰 아이를 안고 걸으면 엄마 허리에도 좋지 않고, 저 애를 위해서도 좋지 않아."

나는 그제야 깨달았다. '아, 이 아이를 위해서도 안아주는 게 아니었어'라고. 나는 아이 앞에 웅크리고 앉아 아이 얼굴을 똑바로 보고 말했다.

"이제 세 살이 돼서 잘 걸을 수 있으니까 혼자서 걸어가자. 걸어가면 참 기분이 좋아."

하지만 아이는 그저 "안아줘!"라며 떼를 쓰는 것이었다. 그리고 결국에는 마구 짜증을 내며 그 자리에 드러누워 울기 시작했다.

지나가는 사람들은 조용한 신사의 경내에서 울며 떼쓰는 아이를 '쯧쯧, 저걸 어째'라는 듯이 쳐다보았다. 그렇게 얼마나 있었을까. 아이의 울음소리가 잦아들었을 때 나는 다시 한 번 말했다.

"집에서 그림책을 읽을 때는 엄마 무릎에 앉아도 돼. 하지만 이제 컸잖아. 이제부터는 밖에 나오면 걸어다니자."

그러자 아이는 아무 일도 없었다는 듯이 벌떡 일어나 총총 걷기 시작했다. "엄마, 얼른 가서 주먹밥 먹어"라고 쫑알거리며. 그때 나는 아이를 보고 놀랐다. 마냥 아기로만 보였던 아이가 갑자기 큰 아이처럼 구는 것이었다.

그날 이후로, 아이는 다시는 안아달라고 떼쓰지 않았고, 더구나 노는 모습도 달라졌다. 그 사건이 아이의 성장마디였던 것 같다.

아이에게는 성장단계와 성장마디가 있다는 것을 나는 발도르프 교육을 통해 배웠다. 아이에 맞게 성장할 수 있도록 도와주는 것이 부모의 역할이 아닐까? 아이가 성장마디를 하나 지났을 때, 진심으로 "참 잘했어, 열심히 했어"라고 말해주자.

아이와 함께하는 생활

아이의 성장을 돕는 말

글 … 도시쿠라 에미

노는 데 푹 빠져 집에 가고 싶어하지 않을 때

유치원이나 놀이터에서 집에 돌아와야 하는데 아이는 "싫어!"라고 떼를 쓸 때가 있다. 아이 편에서 보면 친구와 신나게 놀다가 집에 가려니 아쉽기도 할 것이다. 그래도 엄마로서는 아이의 행동에 일단락을 지어주고 "집에 가서 ○○을 하자"라고 다음 순서로 유도해주어야 한다. 이때 엄마가 절대로 해서는 안 되는 행동은 '물질로 유혹하는' 것이다!! "과자 사줄게." "집에 가서 비디오 보여줄게." 그런 말로 유혹해서 아이가 말을 듣게 해서는 안 된다. 이 방법은 편리할지는 모르지만 아이의 자긍심을 배려한 말은 아니다. 아이가 스스로 생각하고 받아들일 수 있도록 이끌어주어야 한다.

좀처럼 잠자리에 들지 않을 때

잠자는 시간도 마찬가지다. "장난감들도 잠자고 싶대. 자, 그림책 읽고 자자"라고 말하고 장난감을 정리하고, 잠옷으로 갈아입고 잠자리에 들도록 한다. 마찬가지로 유치원이 끝나면 집에 돌아간다, 5시가 되면 친구들과 헤어진다, 8시가 되면 잠잔다……와 같이 매일 같은 리듬으로 지내도록 한다. 그럼 아이는 그 리듬에 따라 점점 안정감 있게 행동할 수 있고, 밤에도 자연스럽게 잠자리에 들 것이다. 발도르프 교육에서 리듬 있는 생활을 중요하게 여기는 것은 아이의 생활이 안정되어 안도감으로 이어지기 때문이다.

짜증을 낼 때

하지만 짜증을 내거나 화를 내거나 울음을 터뜨리면 더는 어떻게 할 도리가 없다. 아무리 타일러도 말을 듣지 않을 때는 아이의 짜증이 조금 가라앉을 때까지 엄마도 조용히 기다리는 편이 좋다. 애써 말을 해도 아이의 마음속에 들어가지 않고 튕겨 나와버리기 때문이다.

"아, 너무 심한 말을 했어", "아이 마음에 상처를 주었어"라며 반성할 때가 있다. 주의를 줄 때, 꾸중할 때, 칭찬할 때, '아이에게 왜 이런 말을 하려는 거였지?'라며 생각해보는 것도 중요하다.

가령, 슈퍼마켓에서 아이가 소란을 피울 때, "조용히 하지 않으면 혼날 줄 알아"라든가 "과자 사줄게, 조용히 해"라고 말하지 않고 "다른 사람들이, 시끄러워, 싫어, 그렇게 생각하잖아"라고 정확히 전달하는 편이 좋다.

낯을 가리며 부모 품에서 떨어지지 않을 때

우리 아이들도 낯가림이 심했다. 낯을 가릴 때는 아이가 안심하고 스스로 밖으로 뛰어나갈 수 있을 때까지 되도록 가까이에 있어주는 게 좋다. 유치원이나 어린이집에 갈 때는 "끝나면 꼭 데리러 올 거야, 괜찮아, 오늘은 뭘 하고 놀까~, 무슨 이야기를 해줄까 궁금하지 않니?"라는 말로 아이를 안심시키고, 무엇인가를 기대하도록 유도하는 게 좋다. 점점 주변으로 눈길을 돌리고 자신감이 생기면 아이는 틀림없이 스스로 부모에게서 떨어질 것이다.

텔레비전은 어떻게 할까?

글 … 시마무라 요시코

**발도르프 교육에서는 텔레비전을 보여주지 않는다는데,
그 까닭은 무엇일까?
또, 텔레비전을 보지 않는 생활은 어떻게 시작하면 좋을까?**

텔레비전으로는 진짜 체험을 할 수 없다

아이는 스스로 몸을 움직여 자유롭게 놀면서 다양한 능력을 키운다. 3~5세 무렵의 아이는 자신의 체험과 느낌을 바탕으로, 또 어른 흉내를 내기도 하면서, 주변의 사물을 무엇인가로 빗대어보면서 풍부한 상상력을 발휘하며 논다. 5~7세 무렵의 아이는 상상한 것을 실제로 만들어보고 싶어한다. 어떻게 만들고, 무엇이 필요한가를 생각하면서 사고력을 키워간다.

하지만 텔레비전을 보는 아이는 어떤가. 아이는 꼼짝도 하지 않는다. 눈도, 몸의 근육도 움직이지 않고 오로지 수동적인 자세로 일관한다. 텔레비전 영상은 볼 수만 있을 뿐 전혀 참여할 수가 없다. 돌을 쥐고 있는 아이는 '단단하다', '무겁다'와 같은 돌의 모든 특징을 느끼지만, 영상으로는 돌 하나도 만져볼 수가 없다. 또한, 텔레비전 프로그램은 대부분 템포가 빠르기 때문에 덩달아 아이의 호흡이 빨라져 느긋하게 있지 못한다. 게다가 주위 사람들과 관계를 맺지 못하는 일도 많거니와 주의 깊게 보면 아이의 동작도 어딘가 어색하다.

텔레비전을 보지 않기 위해서는?

앞서와 같은 이유로 발도르프 교육에서는 아이에게 텔레비전을 보여주지 않으려 한다. 방법은 간단하다. 텔레비전에 천을 씌워놓기만 해도 의외로 아이는 쉽게 멀어진다. 설사 "친구 집은 텔레비전을 본단 말이야"라고 투정을 한다 해도 "우리집은 보지 않아"라고 말해주고 꿋꿋하게 흔들리지 말아야 한다. 아이는 흔들리지 않는 엄마를 신뢰하는 법이다.

텔레비전을 보지 않으면, 처음에는 부모가 먼저 그 조용함에 불안을 느끼고, 세상에서 뒤처진 듯한 외로움을 느낄 수도 있다. 하지만 정보는 신문이나 책에서도 얼마든지 얻을 수 있으니 텔레비전을 보지 않아서 생기는 여유시간을 아이와 함께 실컷 즐기는 건 어떨까?

부드러운 노랫소리

이야기 … 다케다 기요코

**흔히 어린아이에게는 동요가 좋다고 한다. 더구나 발도르프 교육 현장에서는
속삭이는 듯한 목소리로 노래한다. 왜 그럴까? 그 이유를 오랫동안 발도르프 학교에서
음악교육을 담당했던 다케다 기요코 씨에게 들어보았다.**

포대기에 감싸듯 노래로 감싸자

갓난아기는 주변의 소리에 귀를 기울이고 다양한 소리를 들으며 청각을 발달시킨다. 아기에게 가장 가까이에 있는 소리는 엄마의 목소리, 자연에서 나는 소리, 생활 속의 소리, 이렇게 세 가지 소리다. 이러한 소리는 어린아이가 처음 만나는 음악이다.

엄마의 노랫소리, 바람소리, 지저귀는 새소리와 같이 생명 있는 소리를 접하면 음악적인 감각이 더 잘 발전할 것이다. CD로 클래식을 들려주기보다는 서툴러도 좋으니 꼭 엄마가 노래를 불러주자.

아이의 발달을 돕는 멜로디와 리듬

아이의 발달과 음악의 관계를 중요시한 슈타이너는 '음악의 네 가지 요소'와 발달의 관련성을 찾아내고(표 참조), 유아기에는 멜로디와 리듬이 중요하다는 결론을 내렸다.

어린아이는 "♪ ○○야, 놀—자—"와 같이 자연스럽게 말에 멜로디를 붙이기도 한다. 인류가 서로 부르는 신호에 멜로디를 붙임으로써 말을 발달시켜왔듯 아이도 또한 멜로디를 가지고 말, 그리고 사고를 발달시킨다.

또 팔다리를 교대로 움직이는 것은 리듬을 찾았다는 증거다. 1세 무렵에 서고, 균형 있게 팔다리를 움직이며 걷기 위해서는 리듬이 필요하다. 리듬은 또 '생활의 리듬'과 같은 형태로 익혀감으로써 발달을 돕기도 한다.

멜로디	→	사고와 관계가 있다
리듬	→	팔다리에 작용한다
하모니	→	감정에 작용한다
박자	→	골격과 관계가 있다

음악의 네 가지 요소

자연의 소리

엄마의 목소리

생활 속의 소리

아이는 '5도 느낌의 음계'를 좋아한다

아래 악보의 처음 레부터 미, 솔, 라, 시까지의 5음을 '펜타토닉'이라고 하고, 동요는 세계 공통으로 이 5음으로 이루어진다(물론 예외도 있다). 슈타이너는 이 '펜타토닉'에 다시 레와 미를 더해 7음으로 된 곡을 '5도 느낌의 음계'라고 불렀다. '5도 느낌의 음계'는 밖으로 퍼지는 분위기를 자아낸다. 또한, 올라갈 때에는 숨을 들이마시고, 내려갈 때에는 숨을 내쉬게 된다. 호흡과 맥박이 아직 완전하지 않은 아이는 이런 멜로디와 리듬에 의해 안정적인 호흡과 맥박을 유지할 수 있다.

또한, '5도 느낌의 음계'는 시작도 끝도 명확하지 않은 느낌이다. 아이들은 이런 분위기의 멜로디를 좋아한다. 갓난아기의 첫 울음소리는 '라' 음이라고 하니, 이 '라' 음은 사람이 가지고 태어난 소리라고 할 수 있다. 그래서 더욱 어린아이에게는 '5도 느낌의 노래'와 민속적인 '동요'가 좋다.

5도 느낌의 음계란?
레, 미, 솔, 라, 시까지가 '펜타토닉'이라는 음계다. 슈타이너는 '라'를 태양의 소리, 황금의 소리, 심장의 소리 등으로 부르고 인간의 중심을 나타내는 소리라고 생각했다.

'라'가 중심
이 '레, 미'의 음이 더해져 5도 느낌의 음계가 된다.

예를 들면, 이런 느낌이다
다케다 씨가 노랫말을 붙여 아이들과 계속 불러온 곡이다. 5도 느낌의 음계이기 때문에 몇 번을 되풀이해도 위화감이 없다. 아이들도 아주 좋아하는 곡이다.

『꽃의 아이』(다케다 기요코 편저)에서

동화는 살아가는 힘을 키워준다

이야기 … 노무라 미치코

**발도르프 교육에서는 아이가 성장하는 데 이야기를 듣는 것이 중요하다고 생각한다.
그 이유를, 동화에 조예가 깊은 노무라 미치코 씨에게 들어보았다.**

아이는 동화의 세계에 살고 있다

　발도르프 교육에서는 '인간은 인류가 걸어온 길을 되풀이하여 걸어가며 어른이 된다'고 보고 있다. 7세 정도까지의 유아는 옛날 옛적의 '옛이야기 시대'를, 8~9세는 자신이 살고 있는 세계에 대해 호기심이 눈뜨는 '신화의 시대', 중학생 정도가 되면 세계를 발견해가는 '대항해시대'로, 성장하면서 이야기를 더듬어가는 것이다.

　유아기의 테마는 '기쁨'이다. 세계의 모든 것은 선이며 슬픔이 없고, 도중에 어려움이 있더라도 반드시 해피엔딩일 것. 나쁜 사람은 철저하게 벌을 받고, 착한 사람에게는 좋은 보상이 많이 있는 이야기가 아이에게 기쁨을 준다.

　때문에 유아기에는 선악이 분명한 옛이야기 같은 동화를 들려주는 것이 좋다. 아이는 옛이야기에 의해 도덕을 자연스럽게 받아들일 수 있다. '이것은 좋고, 이것은 나쁘다'는 식으로 가르치지 않고 있는 그대로 정확하게 전달할 수 있다는 점이 옛이야기의 장점이다.

　가령, 일본의 옛이야기 〈모모타로〉에서 모모타로는 개, 원숭이, 꿩을 거느리고 도깨비(상상의 괴물로 사람의 형태를 하고 뿔과 큰 송곳니가 있으며 사람을 잡아먹는다고 알려져 있다.─옮긴이)를 물리친다. 여기에서 세 동물은 인간이 가지고 있는 힘을 상징한다. 개는 '몸의 힘', 원숭이는 '감정의 힘', 꿩은 '생각의 힘'을 나타낸다. 〈모모타로〉는 '악'을 물리치는 이야기지만, 한편으로는 자신의 힘을 시험해보는 이야기이기도 하다. 이런 이야기를 되풀이해서 들으며 아이는 '위기를 잘 극복할 수 있다'는 자신감을 얻을 수 있다.

이야기 속에서 시련을 극복한다

선악을 묘사하는 방법이 잔인하다는 이유로 이야기를 바꾸는 것은 바람직하지 않다. 그 이야기가 갖고 있는 메시지를 왜곡시키기 때문이다. 어린아이는 주인공과 자신을 동일시하기 때문에 〈백설공주〉처럼 수많은 시련을 극복해가는 이야기는 무서워하는 경우가 있다. 그러나 어른과 아이가 느끼는 '무서움'은 다르다. 어른은 마지막에 나쁜 왕비가 쇠못이 박힌 신발을 신고 춤추는 모습을 잔인하다고 생각할지 모르지만, 주인공에 동화되어 있는 아이는 마녀가 어떻게 되든 무서워하지 않는다.

한편, 〈잠자는 숲속의 공주〉는 열세 번째 요정이 공주에게 100년 동안 잠을 자도록 저주를 내린다. 성장한 공주는 스스로 탑에 올라가 물렛가락에 찔려 잠이 든다. 저주는 실현되지만 때가 되어 나타난 왕자의 사랑으로 공주는 잠에서 깨어나 행복하게 산다. 이런 일련의 과정이 아이에게 전달되기를 바라는 것이다. 때문에 열세 번째 요정을 너무 자극적으로 그릴 필요는 없다. '악'도 인간이 성장하는 데 필요한 시련이기 때문에 이야기 속에는 이러한 시련이 반드시 그려져 있다.

풍부한 상상력은 살아가는 데 큰 힘이 된다

오랜 시간에 걸쳐 계속 전해내려온 옛이야기에는 보편성이 있다. 옛이야기는 세계 어디에나 있고, 어느 나라에서도 아이들은 그야말로 '빨아들이는' 듯한 표정으로 옛이야기를 듣는다. 그리고 빨아들인 것이 몸을 적시고, 마음을 여유롭게 가꾸어간다. 어린아이가 같은 이야기를 여러 번 반복해서 듣고 싶어하는 까닭은 익숙한 이야기 속 공간에 들어가 놀기를 좋아하기 때문일 것이다. 이미지를 만들어가는 힘, 다시 말해 상상력을 키워가고 있는 것이다.

발도르프 교육은 수학이나 국어도 상상력을 이용해 가르친다. 어른이 되어도 여러 가지 것들을 이미지로 이해할 수 있기 때문이다. 말뿐 아니라 그 이미지를 함께 떠올릴 수 있으면 대화할 때 상대가 말하고 있는 상황을 이미지화하여 이해할 수 있으며 공감하는 힘도 생긴다. 그런 의미에서 보아도 상상력은 평생을 살아가는데 커다란 힘이 된다.

4

아이와 즐기는 수작업

재료들은 어떻게 물건으로 만들어지는 것일까?
색과 색을 섞으면 어떤 색이 나올까?
수작업이나 공예는 사물을 꿰뚫어보는 힘과
끝까지 해내려는 힘, 아름다움을 느끼는 마음을 키워준다.
어른이 먼저 만들어서 보여주는 것부터 시작해보자.

양털로 만드는 계절 테이블

이야기, 만드는 법 … 야마시타 리카

**집 한 귀퉁이에 계절의 변화가 느껴지는 멋진 코너를 만들어보면 어떨까.
스타일리스트인 야마시타 리카 씨에게 양털로 만드는 '계절 테이블' 꾸미기를 배웠다.**

아이의 공상 세계를 그대로 테이블에

우리집에서는 선반과 같은 작은 공간에 양털 인형이나 나무 열매, 정원에서 얻은 식물 등으로 '계절 테이블'을 꾸민다.

테이블의 테마는 계절에 따라 달라진다. 발도르프 학교에서는 봄의 부활절이나 겨

숲속의 소인들
엘사 베스코브의 그림책 『숲속의 소인들』을 만들어보았다.
눈 속에서 노는 소인과 토끼를 모티프로 겨울 풍경을 표현했다. 초록색 천으로 산을 만들고 그 위에 하얀 양털을 포근하게 씌워 눈 덮인 산을 만들었다.

울의 크리스마스 축제나 행사와 관련된 것을 중심으로 만드는데, 가정에서는 가령 가족이 자연과 만났던 체험 등을 떠올릴 수 있도록 꾸며도 좋을 것이다.

아이가 어렸을 때, 나무가 울창한 근처 공원을 산책하면서 아이는 이렇게 말하곤 했다. "소인들이 살고 있을 것 같아." 아이의 공상 세계와 그림책에서 이미지를 확장시켜 테마를 정해도 좋다. 우선은 즐겁게 만든다. 설령, 이 책에서 만든 것처럼 되지 않더라도 아이에게는 의미하는 바가 충분히 전달될 것이다.

뿌리의 봄 행진
올퍼스의 그림책 『뿌리』를 테마로 봄 준비를 마친 소인들이 꽃이 되어 땅 위로 나오는 장면을 표현해보았다.
"봄이 오는 건 아이들에게도 반가운 일이랍니다. 어른도 기뻐하며 공감해주세요."

이미지를 참고한 그림책들
사계절의 자연 풍경이 귀여운 소인들과 함께 그려져 있다. 『숲속의 소인들』(엘사 베스코브), 『뿌리』(지브레 혼 올퍼스)

뿌리의 봄 준비
이것도 그림책 『뿌리』가 테마다. 소인들이 꽃이 되어 땅 위로 나오기 위해 겨우내 옷을 만들고 있다. 땅속 뿌리의 세계가 이렇게 되어 있다면 얼마나 멋질까.

'숲속의 소인들' 만드는 법

『숲속의 소인들』에 나오는 소인과 토끼와 나무를 만들어보자.
이것만 만들 수 있으면 다른 것들은 응용할 수 있다.

소인

옷이나 머리카락색을 바꾸면 여러 가지 패턴의 소인이나 요정으로 바꿀 수 있다.

준비할 재료
- 파이프클리너(혹은 모루) … 2개
- ※ 파이프를 청소하는 면 소재의 클리너. 마트에서 구입 가능.
- 양털(흰색, 연분홍색, 갈색) … 적당히
- 부직포(흰색, 초록색) … 적당히
- 니들펀치, 바늘, 실, 가위, 펜치

1 파이프클리너(혹은 모루)를 하나씩 U자 모양으로 구부려 위아래로 겹치고, 겹치는 부분에 연분홍색 양털을 감아 고정한다.

2 발부분에 연분홍색 양털을 감는다. 발끝이 될 부분에 갈색 양털을 감고, 펜치로 뾰족한 끝을 구부려 고정하면 신발이 된다.

3 팔 부분에 연분홍색 양털을 감는다.

4 연분홍색 양털을 네 가닥 정도 어긋나게 놓고 중심에 둥글게 뭉친 양털(머리가 된다)을 올려놓는다.

 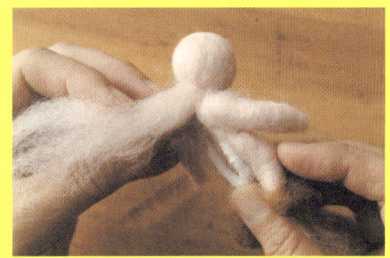

5 둥글게 뭉친 양털을 엇갈려놓은 가닥으로 감싸고, 가장 긴 양털가닥을 꼬아 끈을 만들어 묶어 머리와 몸통을 나눈다.

6 몸통을 이등분하고, 3의 골조를 끼운다.

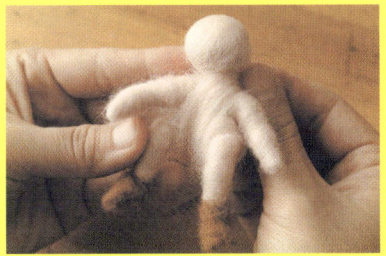 

7 몸통의 양털을 기저귀 채우듯이 가랑이가 될 부분에 넣어 감아준다.

8 약간의 흰색 양털을 머리에 감고, 니들펀치로 고정하여 머리카락을 만든다.

9 흰색 부직포를 직사각형으로 잘라 양쪽 끝이 중심을 향해 마주보게 접어 중앙을 가위로 조금 자른다. 자른 부분을 통처럼 꿰매 바지 모양을 만든다. 뒤집으면 바지 완성.

10 두 쪽으로 접은 하얀 부직포를 사진과 같은 모양으로 자른다. 중앙에 인형 머리가 들어갈 구멍을 뚫고, 등이 될 쪽에도 가로로 가위집을 낸다.

11 펼치면 사진과 같은 모양이 된다. 한 번 접어 양옆을 듬성듬성 꿰매 뒤집어주면 윗옷 완성.

12 초록색 부직포를 직사각형으로 자른다. 직사각형의 긴 변을 따로따로 꿰매 한쪽을 꽉 잡아당겨 뒤집어 모자를 만든다.

토끼

소인들의 친구로 나오는 토끼는 갈색과 회색으로 만들어도 귀엽다.

준비할 재료
- 양털(흰색) … 적당히
- 니들펀치, 바늘, 실, 굵고 긴 바늘

1 통을 굴리듯이 양털을 도르르 감아 토끼 몸통을 만든다.

2 다 감았으면 사진처럼 통의 3분의 1 정도를 구부린다(뒷다리가 된다).

3 구부린 부분을 손으로 누르면서 니들펀치로 중심을 고정하여 다리를 두 개로 나눈다.

4 반대쪽에 머리를 만든다. 머리 위치를 정하고 사진처럼 바늘에 실을 꿰어 집어넣는다.

5 실을 넣었으면 그대로 양털을 구부려 실을 단단히 감아서 머리를 만든다.

6 머리 아래쪽에 남은 양털은 앞다리를 만들기 위해 머리 쪽으로 다시 구부린다. 3처럼 니들펀치로 중심을 고정하여 다리를 두 개로 나눈다.

7 약간의 흰색 양털을 굵은 바늘에 꿰어 머리에 넣는다.

8 머리에 넣은 양털을 잡아당겨 모양을 잡아가며 귀를 만든다.

나무

흰색 양털로 눈 덮인 모습을 표현하거나 녹색 양털로 잎을 올려놓거나 하여 계절에 맞춰 분위기를 바꿀 수 있다.

준비할 재료
- 파이프클리너(혹은 모루) … 10개
- 양털(갈색) … 적당히

1 파이프클리너(혹은 모루) 2개를 이어 갈색 양털을 감는다. 다 감았으면 한 번 더 되감아서 끝 부분을 감싸고, 파이프클리너가 튀어나오지 않도록 정돈한다.

2 1의 요령으로 긴 가지를 5개 만들어 중앙에 갈색 양털을 감아 하나로 묶는다.

3 나무줄기가 될 부분에서 뿌리가 될 부분까지 양모를 두툼하게 감고, 뿌리와 가지가 될 부분을 손으로 구부리면서 모양을 만든다.

※ 니들펀치나 바늘 같은 위험한 도구를 쓰기 때문에 반드시 어른과 함께 만들어야 한다.

색과 모양을 즐기는 번지기 그림

글·놀이 방법 … 도시쿠라 에미

색이 번지고 섞이며 의외의 색과
모양이 탄생하는 번지기 그림 놀이.
색이 서로 섞여 조화를 이루는 것이
마음의 균형으로 이어진다.

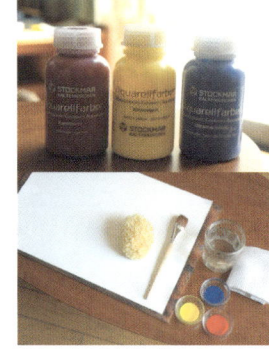

준비할 재료
- 수채화물감 … 빨강, 파랑, 노랑 3원색
- 도화지 … 1인당 1~2장
- 16~18호 정도의 납작붓 … 1자루
- 물감을 짜놓을 작은 접시 … 3개
- 스펀지 … 1개
- 붓을 닦을 수건 … 1장
- 화판 대용 판(있을 경우) … 1장

놀이 방법

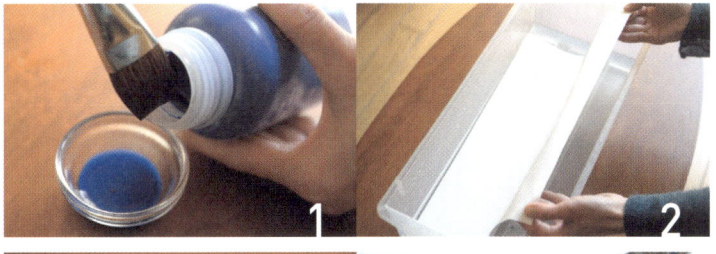

1 소량의 그림물감을 20~30㎖의 물에 푼다. 투명하고 색도 선명한 정도가 좋다.
※ 물에 풀어둔 물감을 뚜껑이 있는 병에 담아 냉장고에 보관해두면 언제든 그리고 싶을 때 쉽게 사용할 수 있다.
2 도화지는 미리 물에 넣어 적셔둔다. 5분 정도 담가두면 완전히 물이 스며들어 그리기 쉽다.
3 도화지를 물에서 꺼내 화판(없으면 테이블 위)에 펼쳐놓고 스펀지로 표면을 부드럽게 닦아 남아 있는 물기를 없앤다.
4 이제 그림을 그린다. 종이 위에 색을 칠하면 색이 확 번진다.
5 그 위에 다른 색을 칠하면 색이 변한다. "우와, 예쁘다!" "재밌다!" 감탄하면서 색과 모양을 마음껏 즐긴다.

Point

어려운 과정은 없지만, 접시에서 색이 섞이지 않도록 다음 색을 쓸 때에는 병 속의 물로 붓을 잘 씻어 수건으로 닦아 사용한다.

완성된 그림보다 과정을 즐기자

우연히 만들어진 모양에서 "아, 이건 꽃 같아"라고 발견하거나, "들판을 그려야지", "해님도 그려야지" 하면서 그림을 통해 상상의 세계를 펼쳐간다.

"노란색과 초록색이 섞이면 '연두색'이 돼." 이렇듯 지식으로 아는 것보다 실제로 만들어진 색, 다양한 분위기의 색, 색의 조화를 직접 볼 수 있는 것이 더 즐겁다.

어린아이는 신나게 그림을 그리다 보면 물과 물감에 옷이 젖을 수 있다. 처음에는 그래도 괜찮다. 완성된 그림보다 그리는 과정과 마음이 얼마나 움직이는가가 중요하다. 반복해서 하다 보면 그림도 변하고, 옷도 젖지 않게 된다.

완성된 그림을 보고 아이의 표현에 대해 칭찬해주는 것도 잊지 말자.

※ 시작하기 전에 짤막한 노래를 부르거나, 시작하는 말을 하면서 아이가 그림의 세계에 스르르 빠져들 수 있도록 유도해주면 더 좋겠다.

놀이가 발전하는 밀랍점토

글·놀이 방법 … 도시쿠라 에미

손으로 주무르기만 해도 달콤한 향기가 은은히 풍겨나는 밀랍점토. 모양을 만드는 과정 속에서 의지가 자란다. 아이들은 만든 인형으로 '흉내놀이'하려고 할 것이다.

준비할 재료
- 밀랍점토 … 좋아하는 색

아이와 대화하면서 놀아도 좋다

밀랍점토는 얇은 판 모양이다. 처음에는 조금 딱딱하지만 조금씩 떼어 주무르다 보면 점점 부드러워진다. 6월이나 9월의 따뜻한 시기가 밀랍점토 놀이를 하기에 알맞은 계절이다. 추울 때는 방을 따뜻하게 한다. 그래도 어린아이의 작은 손으로는 말랑말랑하게 주무르는 것이 쉽지 않을 수도 있으므로 어른이 주물러줘도 좋다.

"동그란 빨간 구슬에 검고 작은 막대를 붙여 사과를 만들자." "초록색 점토를 가늘고 길게 늘이니까 오이 같네." "꽃잎처럼 얇게 늘여보면 어때?" "아 참, 소꿉놀이 요리랑 케이크를 밀랍점토로 만들어보자."

아이와 함께 즐겁게 이야기하면서 자유롭게 놀이를 유도한다.

놀이 방법

1. 밀랍점토를 조금 떼어 말랑말랑해질 때까지 손으로 주무른다.

2. 말랑말랑해지면 원하는 모양을 만들 수 있다.

3. 동물의 눈이나 뿔 같은 섬세한 부분도 밀랍점토로 멋지게 붙일 수 있다.

4. 좋아하는 동물들을 만들어 즐겁게 흉내놀이를 한다.

밀랍크레용으로
자유롭게 그림 그리기

글 · 놀이 방법 ··· 도시쿠라 에미

크레용의 면을 사용하여 윤곽선뿐 아니라
다양한 형태를 그려보자.
색깔과 많은 대화를 하다 보면 공상 세계가 펼쳐진다.

준비할 재료
- 밀랍크레용 ··· 블록 타입이나 스틱 타입
- 종이 ··· 도화지, 상질지 등

아이의 표현이 자꾸자꾸 늘어난다

크레용을 처음 접하는 1~2세 아이는 "이게 뭐지?"라는 궁금증에서 크레용과의 만남이 시작된다. 그리고 종이에 문질러보고는 "ㅇㅇ가 그려졌다!"라고 신기해한다. 그러면 주위에 있는 어른이 "와, 재미있다!"라고 맞장구쳐주며 함께 아무렇게나 그리면서 즐긴다. 그렇게 그리다 보면, 그 안에서 재미있는 모양을 발견하거나 빙그르르 그린 동그라미가 '엄마'가 되기도 하고, '꿀꿀이'가 되기도 하고······, 아이는 자꾸자꾸 표현해나갈 것이다. 처음부터 아이에게 해님은 빨갛고 이런 모양이라든가, 지붕은 세모 모양이라든가 하는 식으로 고정된 형태를 가르치지 말고 아이가 풍부하게 표현할 수 있도록 기다려줘야 한다.

여러 가지 그리는 방법

Point
면으로 그리려면 블록크레용을 써야 하지만, 스틱크레용도 쓱쓱 칠하다 보면 색의 형태가 나타난다. 색 위에 색을 덧칠하면 다른 색이 만들어져서 덧칠하는 것도 즐겁다. 여러 가지 방법으로 놀아보자.

- 블록크레용의 면을 이용하여 그린 것
- 스틱크레용으로 그린 것
- 블록크레용을 덧칠한 것
- 블록크레용으로 살포시 그린 것

트레싱지로 만드는 스테인드글라스

글·놀이 방법 … 도시쿠라 에미

투명한 트레싱지로 '빛과 그림자'에서 빚어지는 아름다움을 아이들에게 보여주자. 종이를 찢어 덕지덕지 붙이기만 하면 되기 때문에 손쉽게 만들 수 있다.

준비할 재료
- 컬러 트레싱지 … 좋아하는 색
- 무색 트레싱지 … 12cm×12cm
- 테두리용 도화지 … 2cm×12cm 4장
- 풀 … 약간

겹쳐진 색에 빛이 투과하는 아름다움

갖가지 색상의 트레싱지로 만든 무늬는 스테인드글라스 같아서 멋지다. 같은 색이라도 겹쳐진 부분은 색이 다르게 보이기 때문에 이따금 비춰보면서 만들면 더 즐겁다. 창문에 붙여놓으면 빛에 비쳐 아주 예쁘다.

이 놀이는 찢어서 풀로 붙이기만 하면 되기 때문에 잘하든 못하든 아이는 놀이에 집중할 수 있다. 나는 전에 그린 그림을 오려 테두리에 붙인 적도 있다.

놀이 방법

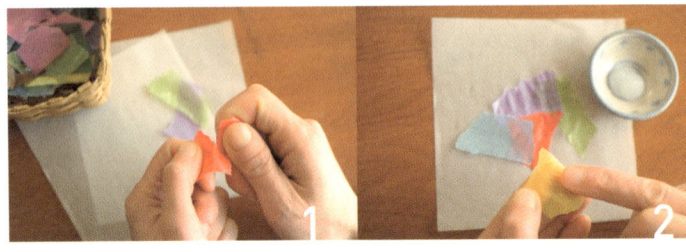

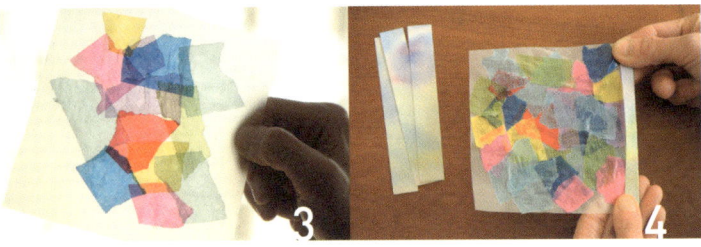

1. 여러 가지 색상의 트레싱지를 1~2cm 정도로 찢어둔다.
2. 알록달록한 트레싱지에 얇게 풀을 발라 무색 트레싱지 위에 척척 붙인다.
3. 빛에 비춰보면 겹친 부분이 새로운 색으로 보인다.
4. 마지막으로 완성된 그림에 테두리를 붙인다. 도화지 4장을 세로로 두 쪽으로 접어 안쪽에 풀을 바르고 완성된 것을 끼워 넣는다.

Point

5~6세 정도 아이라면 자신이 좋아하는 모양을 찢거나 가위로 잘라 그림으로 완성해도 좋다.

5

아이를 위한 집꾸밈

아이가 기분 좋게 느끼는 공간은 어떤 공간일까?
힌트는 주위의 어른에게 있다.
아이의 성장에 걸맞은 공간을 만드는 방법과 주의할 점에 대해서
발도르프 교육에서만 배울 수 있는 방법을 소개한다.

아이 공간 만들기

코디네이트 · 이야기 … 이와하시 아키나, 모델 … 우치히라 아쓰코 씨, 마나미(4세)

**아이가 편안하게 있을 수 있는 공간은? 독일에서 발도르프 학교 건축에 참여했던
건축가 이와하시 아키나 씨가 4세 아이가 있는 우치히라 씨의 거실을 바꿔보았다.**

우치히라: 친구 집에서 캐노피가 달린 방을 보고 참 멋지구나 싶었어요. 아이도 캐노피 안이 편했던지 변기를 가지고 들어가 볼일을 보더라는 이야기를 듣기도 했고요. 저희 아이도 좀 편안해졌으면 좋겠다 싶었어요.

이와하시: 아이는 엄마 품속에 있을 때 가장 편안함을 느낍니다. 따뜻하게 감싸여 있는 듯한 느낌일 거예요. 실내 공간도 품속에 싸여 있는 것처럼 조금 좁다 싶은 공간이 아이들에게 안정감을 줍니다. 캐노피도 그 가운데 하나죠. 낮은 가구로 좁은 공간을 만드는 것도 한 방법이고요. 주위 공간과 완전히 격리되어버리면 외로움을 느낄 수 있기 때문에 주위 공간과 아이 공간을 완전히 떼어놓지 않도록 해야 합니다. 잡다한 것들은 공간이 복잡해지기 때문에 선반 같은 데에 보관하고 안정된 분위기를 만들어줘야 해요. 아이는 주위에 있는 모든 것의 영향을 받거든요. 다만, 생활감이 느껴지지 않을 정도로 너무 깔끔하게 정돈되어 있는 것도 좋지 않아요. 균형이 중요한 거죠.

우치히라: 발도르프 건축에는 연분홍색을 많이 쓰나요?

이와하시: 그렇게 생각하기 쉬운데, 독일 가정에서는 거의 쓰지 않는 것 같더군요. '지적장애아' 시설을 설계하면서 느꼈는데, 움직임이 많은 아이는 난색 계열보다 보랏빛에 가까운 색이 안정감을 주기 때문에 아이에 따라서 여러 가지 색을 쓰더라고요. 기본적으로 따뜻한 분위기를 만들어주는 것이 아주 중요합니다. 혹시 따님 때문에 고민되는 점이 있으신가요?

우치히라: 힘이 넘쳐서 좋긴 한데, 동생이 태어나면 어떻게 변할까 싶어서…….

이와하시: 너무 앞일을 걱정하지 마시고 우선 '지금'을 소중히 여기세요. 엄마가 마음이 편해야 아이도 편해지니까요. 아이가 늘 엄마 시야에 들어오면 엄마도 마음이 편할지도 모르겠군요. 아이가 엄마를 도와주나요?

우치히라: 오히려 제 일이 더 많아져서…….

이와하시: 엄마를 도왔다는 기쁨은 큽니다. 기쁨을 느끼면 또 변해갈 거고요.

Before 거실 전체

약 9평 공간에 거실, 아이 공간, 식탁이 있다.
칸막이가 없어 휑하니 넓은 이미지.

그림책 · 장난감 박스

텔레비전
식탁에서 보기 좋은 위치에
놓여 있다.

거실 공간
텔레비전과 나란히 벽에
소파가 있다.

아이 공간

식탁
식탁 맞은편에는 부엌 카운터.
부엌에서는 아이 공간이
잘 보인다.

아이를 위한 집꾸밈 87

거실 바꾸기 완료!
그럼, 거실 전체 모습은
어떻게 바뀌었을까?

독일 카를스루에의 발도르프 유치원에 있는 캐노피. 둥근 고리에 천을 고정하여 만들었다. 색상은 방 전체 분위기에 맞게 선택했다.

After 거실 공간

텔레비전은 소파에서 볼 수 있는 위치로 이동했다. 아이 공간과 거실 사이를 공간박스로 구분하여 안정된 모습으로 바뀌었다. 공간이 구분되어 있지만 아이가 어디에 있는지 보이기 때문에 안심할 수 있다. 텔레비전에는 천을 씌웠다.

Before

시원스러워 보이지만 너무 넓어서 공간으로서 쓸모가 없고 조금 적적한 느낌이 든다.

After 아이 공간

장난감 상자에는 씩씩한 마나미와 어울리는 따뜻한 분홍색 천을 씌웠다. 깔개는 양모 혼방 빨간색 펠트. 짙은 난색 깔개를 깔아놓으니 빛이 반사하여 공간의 색도 달라 보인다. 캐노피는 우치히라 씨가 좋아하는 녹색 실크 오건디(빳빳하고 얇은 면직물─옮긴이).

Before

왼쪽 등나무 스툴과 벽 쪽에 있던 높은 공간박스 두 개의 위치를 바꾸었다. 공간박스 안에 든 것이 아이 공간에서 보이도록 놓았다. 공간박스로 분리해놓아 놀이터 영역을 만드는 것이 목표다.

캐노피 다는 법

캐노피의 높이를 조절하고 있는 모습. 마나미는 완성된 캐노피를 보며 아주 신이 났다. 속으로는 천을 뒤집어쓰고 놀고 싶은데, 꾹 참고 있다.

준비할 재료
- 좋아하는 색상의 오건디 … 4m 정도
- 클립 … 6개
- 고리집게 … 6개
- 낚싯줄 … 10m

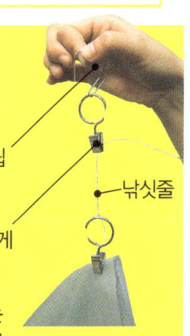

클립
낚싯줄
고리집게

1. 한쪽은 클립을, 다른 한쪽은 고리로 되어 있는 '고리집게' 2개를 사용한다. 천 중앙을 고리집게로 집어 고리에 낚싯줄을 연결한다. 위 집게의 고리에는 사진처럼 클립을 연결한다.
2. 천을 천장 두 곳에 매단다. 한 곳은 클립을 커튼 레일에 걸면 쉽게 매달 수 있다. 또 한 곳은 전등갓에 S자형으로 구부린 클립을 걸어 매단다.

아이를 위한 집꾸밈 89

누구를 위해 방을 꾸밀까?

이야기 … 이와하시 아키나

방을 정돈하는 진짜 목적은 무엇일까?
슈타이너의 인지학에 조예가 깊은 이와하시 아키나 씨에게 아이가
정말 쾌적하게 느끼는 주거 환경이란 어떤 것인지 배워보자.

소재

부드러운 진짜 소재를

사람은 자신과 다른 재질에는 '반감'(의식이 작동한다), 같은 재질에는 '호감'(무의식)을 느낀다. 7세까지의 아이는 '호감'을 키우는 것이 중요하다.

아이는 호감을 갖게 하는 재질인 따뜻하고 부드러운 소재를 좋아한다. 소재를 딱딱한 순서로 열거하면 금속, 유리, 돌, 나무, 천의 순이라고 할 수 있다.

기본은 '진짜'를 쓰는 것이다. 요즘에는 겉은 나무지만 실제로는 비닐인 소재가 때도 덜 타고 오래간다는 이유로 건축용으로 많이 쓰인다. 하지만 실제로 이런 소재는 쉽게 먼지가 쌓여 더러워질뿐더러 아이가 만져보고 그것이 가짜라는 것을 피부로 느낀다.

예컨대, 진하게 화장한 얼굴보다 맨얼굴이 예뻐 보이듯이 그 사람이 살아가는 모습이나 생활이 그대로 묻어나는 쪽이 더욱 빛나 보인다. 소재도 마찬가지다. 이끼 낀 벽돌도 부서져 흙으로 돌아가는 본연의 모습이 아름답지 않은가. 지속적으로 시간을 쌓아가는 생활 속에서 접하는 것은 시간을 새기는 소재가 자연스럽고 아름답지 않을까.

현대사회는 사고가 과다해지고 감성을 가볍게 여기는 경향이 있는데, 그래서 생활공간에까지 금속이 사용되고 흰색이 쓰이는 것이 아닐까.

색

색을 더 즐겨 사용하길!

아이 공간의 색은, 아이가 조용히 지내기를 바란다는 이유로 억누르려 해서는 안 되고 그 아이다움을 이끌어낼 수 있는 색이 좋다. 아이의 성질과 같은 색을 선택하면 아이도 기분 좋아지기 때문에 거칠게 행동하지 않는다. 아이가 좋아하는 색이 반드시 그 아이의 성질과 같은 색은 아니다. 아이가 부모에게서 떨어지는 정도를 보면서 우선은 부모가 안정감을 가질 수 있는 색을 쓰는 것이 좋다.

노랑—움직임이 있다. 빛. 떠들썩함.
파랑—조용함. 확장. 사고적.
빨강—따뜻함.

방의 용도에 따라 이 세 가지 색을 기준으로 색을 선택해야 한다. 바닥, 벽, 천장을 각각 다른 색상으로 하면 각각의 색이 섞여 그 공간의 분위기를 만들어낸다. 복수의 색을 사용할 때는 색상, 채도, 명도 중 하나를 통일하면 맞추기 쉽다.

흔히 벽에 흰색을 쓰는데, 이것은 주장이 강한 색이기 때문에 아이에게는 적합하지 않다. 엷은색뿐 아니라 짙은색도, 공간이 확장돼 보여 안정감을 준다.

빛

아침은 햇빛으로 눈뜨고, 밤은 어둡게

아이에게는 아침은 밝고 밤은 어둡다는 강약의 개념이 있어야 한다. 이런 강약은 자라는 아이에게는 아주 중요하다. 아이가 한창 자라는 시기에는 동쪽에서 쏟아지는 아침 햇살을 받는 것도 중요하다. 같은 빛이라도 서쪽 햇살보다 동쪽 햇살이 식물도 더 잘 성장한다.

아이는 '빛의 자녀'이기도 해서 밝은 것을 좋아한다. 하지만 무턱대고 밝은 것이 다 좋지는 않다. 실외와 실내는 다르다.

집 안에서는 빛이 부드러운 백열등을 쓰는 게 좋다. 천장 높이에 따라 눈이 부시지 않는 40, 60와트를 쓰고, 밝게 하고 싶으면 조명 수를 늘린다. 촛불의 빛도 매우 따뜻하고 부드럽다. 형광등은 빠른 속도로 점멸하고 파장도 들쭉날쭉해서, 독일에서는 '형광등 빛은 아파요'라고 표현하기도 한다. 전체 조명만으로 밝기를 확보할 필요는 없다. 조명은 공간을 만들기 위한 것이다. 어떤 작업을 하더라도 그 아래만 비춰주는 조명만 있으면 충분하다. 다만, 어둠 속에 오도카니 있는 불빛을 보면 아이가 고독감을 느낄 수 있으니 조명은 하나만 외따로 두지 않도록 몇 개의 조명으로 부드럽게 공간을 밝혀준다.

방 꾸미기를 정리하면

집은 부모를 위한 공간이다

흔히 슈타이너의 주거 공간이란 말을 하지만 형식적인 매뉴얼은 없다. 사람을 아는 것이 슈타이너 인지학의 기본이기 때문에 집을 설계할 때도 거기서 살아가는 사람의 성격과 습관을 보면서 시간을 들여 대화한 뒤에 결정한다.

발도르프 유치원이나 학교의 인테리어가 멋지다고 그대로 따라하는 것도 바람직하지 않다. 학교란 본래 아이들의 배움의 공간이지만 집은 부모의 공간이기 때문이다.

집 안을 아이 중심으로 꾸미는 것은 도리어 아이의 공간을 없애버리는 것이다. 아이는 엄마와 아빠를 선택하여 그 환경을 경험하고 싶어서 태어난다. 부모가 자기답게 있을 수 있는 곳이 아이에게도 편안한 곳이다. 아이의 공간을 마련해주고 싶다면 집 한 귀퉁이에 작고 좁은 공간을 만들어주는 것이 효과적이다.

아기의 촉각은 입술부터 발달한다. 젖을 빨면서 엄마를 느끼고, 자신은 '여기에 있다'라고 느낀다. 아이에게는 엄마가 자신의 공간, 즉 좌표축이다. 그렇기 때문에 뭔가를 할 때마다 '아기'는 '여기에 있다'는 느낌을 확인하게 된다. 장난을 할 때도, 여기까지 해도 좋을까, 다음은 여기까지 해야지, 하고 생각하며 하다가, 엄마가 '안 돼'라고 말하면 '늘 보고 있구나' 하고 안심한다. 그런 의미에서 꾸중하는 것도 중요하다. 이것은 감정적으로 '화내는' 것과는 다르다.

아이는 만져보고, 보고, 혼나고 하면서, 무엇인가에 부딪히는 느낌이 있으면 몸과 부모의 존재가 확인되기 때문에 안심한다. 공간도 마찬가지다. 무엇인가가 몸에 닿거나 시각적으로도 조금 차단되는 좁은 공간에 있으면 아이는 안심한다.

방에 변화를 주려면 자아가 싹트고부터

아이가 자신의 공간이 필요하게 되는 것은 자아가 싹트는 7~8세 무렵이다. 좁은 집이라면 앉아서 보이지 않을 정도의 책장으로 둘러싸고, 책상을 놓고, 빛으로 공간을 만들어주면 좋다. '연령에 따라 인테리어도 달라져야 하나?'라고 생각할지 모르지만, 방에 변화를 주는 것은 아이가 주도적으로 할 수 있는 연령이 된 뒤에 하는 것이 좋다. 아이 방을 부모가 멋대로 이렇게 저렇게 바꾸는 것은 바람직하지 않다. 옛날 자신이 쓰던 방으로 돌아가면 안정감을 얻을 수 있다. 주거 공간에는 자신이 쌓아온 것들과 시간의 연속성과 생각이 쌓여 있다. 그때는 이랬지…라고 지나온 시간들을 돌이켜볼 수 있는 것도 좋은 경험이 아닐까.

집필에 참여한 사람들 (글이 실린 순서)

히토미(日登美)
잡지와 광고 등에서 모델로 활약했으며, 현재는 네 아이의 엄마다. 아이들을 기르며 겪은 이야기를 담은 책 『히토미네 네 아이』를 출간했으며, 자연주의 라이프스타일을 제안하고 있다.

요시다 마미(吉田真実)
패션디자이너. 1980년대 후반에 영국으로 건너가 패션을 공부하면서 지금의 배우자인 패트릭을 만나 1995년 YAB-YUM이라는 패션브랜드를 세웠다. 열정적으로 자녀교육과 일을 병행하는 워킹맘이다.

시마무라 요시코(嶋村慶子)
독일 하노버 슈타이너 유치원에서 교사양성과정을 수료하고, 발도르프 치료교육, 음악, 예술을 공부하고 일본으로 돌아왔다. 2009년 일본 사카하시 구에 [별의 정원]이라는 유치원을 개원했다.

히바라 유코(樋原裕子)
독일 뮌헨의 오이리트미 학교를 졸업하고 오이리트미스트로 활약해왔다. 한편, 전기 작가 양성코스를 수료했으며, 주로 자녀교육 세대를 지원하고 있다.

버나뎃 라이첼(Bernadette Raichle)
1995년 뉴질랜드 호크스베이에서 아피너 보육원, 유치원을 개원했다. 발도르프 교육에 입각한 보육 이외에도 보육교사 지도와 영유아 케어를 위한 강연도 하고 있다. 지은책으로 『영유아를 위한 슈타이너 보육』이 있다.

호리우치 세쓰코(堀内節子)
공립학교 교감을 거쳐 1975년 도요하시 시에 무지개 숲 유치원을 개원했다. 같은 시기에 슈타이너 사상을 접하고 일본 문화에 있어서 발도르프 교육을 연구하고 실천해왔다. 지은책으로 『0세부터 7세까지의 슈타이너 교육』이 있다.

도시쿠라 에미(としくらえみ)
독일 발도르프 유치원에서 실습 후, 마르가르테 하우슈카슈레에서 예술요법을, 스위스의 괴테아눔 회화학교에서 수채화를 공부했다. 지금은 공작교실을 운영하고 있다. 지은책으로 『킨더라임의 한 때』가 있다.

다케다 기요코(竹田喜代子)
음악교육가이자 음악치료사. 전 도쿄 슈타이너슈레 음악 전임교사였다. 발도르프 교육의 치료적 음악교사 양성소인 아우디오페데 연수센터를 독일 비텐교원양성소와 함께 운영하고 있다.

노무라 미치코(野村道子)
대학에서 독일문학과 법률을 공부하고 NHK에서 근무했다. 세 아이를 키우면서 발도르프 교육을 접하고 일본 인지학협회에서 그 사상을 공부했다. 메르헨, 옛이야기를 통해 인류의 혼의 자취를 탐구하는 일을 주제로 활동하고 있다.

야마시타 리카(山下りか)
잡지의 스타일리스트로 활동하다 1990년 미국으로 건너갔다. 미국에서 발도르프 교육을 접하고 발도르프 교육을 실천하는 프리스쿨과 킨더가든에서의 생활을 아이와 함께 만끽했다. 1998년 일본으로 돌아와 수작업과 라이어 연주 등 활발한 활동을 하고 있다.

이와하시 아키나(岩橋亜希菜)
건축가. 독일 아라누스 조형예술대학에서 인지학을 바탕으로 한 예술론과 건축학을 공부했다. 하이델베르크 발도르프 학교와 가나가와 현 스모바라 시의 슈타이너 학원 건축작업에 참여했다.

옮긴이 고향옥

동덕여자대학교와 대학원에서 일본문학을 공부하고, 일본 나고야대학교에서 일본어와 일본문화를 공부했다. 지금은 한일아동문학연구회에서 아동문학을 공부하며 번역을 하고 있다.
그동안 번역한 책으로는 『시끌벅적 동물병원의 하루』, 『길 잃은 도토리』, 『할아버지의 벚꽃 산』, 『나의 형, 빈센트』, 『친구는 바다 냄새』, 『친구는 초록 냄새』, 『리듬』, 『코끼리도 날 수 있다는 오타 선생님의 생각 수업』, 『그림책의 심리학』, 『짝꿍 바꿔 주세요!』, 『바이바이』 등이 있다.

우리집은 발도르프 유치원

엮은이 크레용하우스(JAPAN) 편집부
옮긴이 고향옥

1판 1쇄 찍은날 2010년 7월 1일
1판 7쇄 펴낸날 2021년 3월 16일

펴낸이 정종호
편집 박세희
마케팅 황효선
제작·관리 정수진
인쇄·제본 한영문화사

펴낸곳 (주)청어람미디어
등록 1998년 12월 8일 제22-1469호
주소 03908 서울시 마포구 월드컵북로 375, 402호(상암동)
이메일 chungaram@naver.com
전화 02)3143-4006~8
팩스 02)3143-4003

ISBN 978-89-92492-86-7 13370
잘못된 책은 바꾸어 드립니다. 값은 뒤표지에 있습니다.